子どもとめぐることばの世界

萩原広道

ミネルヴァ書房

本書を手にとってくださったみなさまへ

はじめまして！

大学で「子どもの発達」について研究している萩原広道と申します。現在は、「ことば」を中心に発達の基礎研究をしています。また、作業療法士・公認心理師として子どもの発達支援にも携わってきました。

私たちは、ふだん当たり前のように使っている「ことば」を、いったいどのように身につけてきたのでしょうか。かつては子どもだったはずなのに、その道のりは記憶の彼方。思い出すのは至難の業です。しかも、ことばの発達は「いつの間にか」「あっという間に」次の展開へと移ろいでしまうので、子どもと日々接している方でも、ことばの発達のなかで起こるさまざまなハイライトシーンを、ついつい見逃してしまうことも多いのではないでしょうか。

本書は、そんな「ことばの発達」に目を向けて、その過程に詰まったさまざまな不思議や魅力に迫るツアーガイドブックです。子どもの小さな頭と身体、そしてその周囲でなにが起こっているのか、ことばの発達の「舞台裏」をめぐることで、子育てや保育・教育・療育にきっと新しい楽しさとおもしろさが見つかります。また、ことばの発達という、読者のみなさんがかつて辿ってきた旅路がいかにスゴイもので、興味深いものだったかを再発見するきっかけにもなるはずです。

子どもという身近な他者がくり広げている大冒険を、そして、あなた自身がかつて辿ってきた発達の軌跡を、ぜひ楽しくめぐってみてください。「研究者が書いた本だから」と気を張らずに、ぜひ肩の力を抜いて、気軽にお読みいただければと思います。

それでは、子ども独自の「ことばの世界」をめぐるツアー、出発です！

もくじ

ツアー2　子ども独自のことばの世界に
飛び込んでみよう

ツアー3　ひらかれた
　　　　ことばの発達研究を目指して

序　子どもにとってのことばの世界
——もう子どもには戻れない大人たちへ

　子どもがことばを身につける過程には、たくさんの不思議が詰まっています。多くのお子さんが、生後ほんの数年でスラスラとことばを話すようになります。また、ことばの出始めがゆっくりかな？と思っていたお子さんがある日突然しゃべり始めたり、ことばを理解するのが難しいように見えるお子さんでも、「ごはん」と聞くとなんとなく台所に近づいてくるというように、意外とことばを知っていることもあります。「ことばを知らない世界」から「ことばのある世界」へとやってくるのは、大変な冒険のはずです（外国語をおぼえるときのように、「ことばのある世界」のなかで旅をすることさえ大変なのに！）。でも、多くの場合、その大冒険は「いつの間にか」「あっという間に」次の展開へと移ろいでしまうので、ときにはそのクライマックスやハイライトシーンでさえ、見逃されてしまいがちです。

　本書では、そんな意識しないと気づかない「ことばの発達をめぐる不思議」を、読者のみなさんと一緒にのぞいてみたいと思います。とはいったものの、意識しないと気づかないことを調べるのは至難の業です。大人が変化の瞬間を見逃してしまうから、というだけではありません。おそらく子ども自身も、自分がどうやってことばを習得しているのかを、明確には意識していないのではないかと思われるからです。そもそも、かつては子どもだった私たち大人だって、「子どものころ、どうやってことばをおぼえたの？」と聞かれたら「う〜ん……」と困ってしまいますよね。練習しているうちに自転車に乗れるようになったけれども、どこをどうやったらうまく乗れたのかと聞かれたらうまく説明できない。ことばの発達もそういう類のもの、つま

り、気がついたらできるようになっていた、というものではないかと思うのです。本人にもわからないのだから、ことばの発達という謎は迷宮入り事件のような難題です。

　子ども自身の要因に加えて、子どもを取り巻く環境も、いろいろなかたちでことばの発達に影響を及ぼします。ことばの発達は、子どもひとりで達成されるものではありません。ことばの発達とは、むしろ子どもと周りにいる他者や環境との共同作業だといえます。たとえば、子どもに接する大人は、知らず知らずのうちにことばの習得を助けるような関わり方をしているということが、近年の研究で明らかになってきています。しかも、そのような関わり方は、子どもの発達に伴って細やかに調整されるようなのです。お母さん、お父さん、保育・教育や療育の先生といった子育てに直接関わる人の多くは、自分でも気づかないうちに、ことばの発達という子どもとの共同プロジェクトに参加しています。でも、そのプロジェクトのなかで大人が発揮するファインプレーの数々もまた、日々の忙しさのなかでは注目を浴びることなく過ぎ去ってしまうことが多々あります。

　このように、ことばの発達の（気をつけて見ていないとわからない）舞台裏に目を向けてみよう、というのが本書のテーマです。そうすることで、子どもの小さな頭のなかでどんなことが起こっているかを今までよりも鮮やかに想像できるようになったり、子どものちょっとした日々の変化をより敏感に察知できるようになったりするかもしれません。また、子どもと接するときに自分がどんな工夫をしていたかに「ハッ」と気づいたり、ことばの発達をサポートするための新たなヒントが得られたりすることにもつながるかもしれません。メイキング動画などで舞台裏を知っていると、映画や絵画を鑑賞するのがもっと楽しくなります。同じように、ことばの発達の意識されない舞台裏を知ることで、子育てや保育・教育・療育に少しでも「楽しさ」「おもしろさ」を添えられたらいいな。そんな願いを込めて、本書を執筆しました。

◆ ことばの発達「舞台裏ツアー」の企画主旨

　ひとくちに「ことばの発達」といっても、実はそこにはいろんな側面が含まれています。母語の音を聞き分ける、口や手を使ってことばを発する、単語同士をつないで文をつくる、相手や状況に合わせて適切に表現を選ぶ、などなど……。これらを体系的・網羅的に紹介しようとすると、きっと教科書や辞書のような本になってしまうでしょう。本書の主眼はむしろ、多くの人が当たり前のように身につけている「ことば」の不思議に発達という視点から改めて向き合ってみることで、そのおもしろさを読者のみなさんと気軽に分かち合うという点にあります。そこで、本書ではあえて、取り上げるトピックをググッと絞って、筆者自身の研究や関心、体験に寄せながら、ことばの発達の「舞台裏ツアー」を企画してみました。その方が、筆者自身の熱量や「これっておもしろくない？」という気持ちが読者のみなさんにも伝わりやすく、そのぶん本書をより楽しんでいただけるのではないかと考えたからです。

　したがって、本書で取り上げるトピックは、基本的には筆者の「わがまま」選定です。筆者は作業療法士・公認心理師として子どもの発達支援に関わってきましたが、現在は発達の基礎研究（いわゆる発達心理学）に軸足を置いて、学術的な研究に日々取り組んでいます。本書で紹介する学術的知見には、言語発達研究の分野内で広く受け入れられているものもあれば、非常に新しい知見や、筆者の心をわしづかみにした知見なども含まれています。今後の研究や実践に向けた筆者自身の「研究ノート」のようにも見えるかもしれません。居酒屋さんの「おまかせ盛り」よろしく、ことばの発達の舞台裏をめぐる筆者の「おまかせツアー」に参加しているつもりで、気軽に楽しんでいただければと思います（なお、ことばの発達について体系的・網羅的に学びたいという方は、コラム２「ことばの発達についてもっと学びたい方への読書

案内」（142ページ）にて読書案内をしていますので、そちらをご覧ください）。

◆ ツアーにご参加いただくにあたって

　さて、本書の内容は学術的知見がベースになっています。学術的知見といわれると、「正しい発達のあり方」を主張しているというふうに思われるかもしれません。けれども、本書は「このような子どもの反応が正常だ」とか、「子どもにはこのように関わるべきだ」といったことを主張するわけではありません。冒頭で述べたように、ことばの発達にはたくさんの不思議があります。研究者はその謎になんとか迫ろうと日々努力していますが、解明されていない謎もまだまだたくさん残っています。そもそもほとんどの場合、学術研究は「正しい発達」や「正しい子育て」を決めることを目的にはしていません。したがって、本書で紹介する事柄が、子どものことばを育む実践にただちに応用できるとは限らないということを、ぜひ心に留めておいていただきたく思います。

　ただし、実践にただちに応用できないことは、実践の役に立たないということと同じではありません。ちょっと消極的に聞こえるかもしれませんが、本書が実践に役立つとしたら、それは「こういうふうに関わりなさい」と指南することではなくて、「こういう子どものとらえ方もあるよ」「こういう関わり方もあるよ」と紹介する点にあると考えています。子どもをとらえるときの視点やまなざし、子どもへの関わり方の手数をたくさんもっていると、目の前のお子さんに接するときの選択肢が増えます。この「選択肢が増える」ということが、実践では非常に大切です。カードゲームで遊ぶときに、手札が1枚しかなかったらそのカードを「出すか出さないか」しか選べませんが、手札が何枚かあれば「あの手にするかこの手にするか」を柔軟に決められます。

　このように、子どもの見方や関わり方の「引き出し」を増やすこと

に、本書は貢献できるのではないかと期待しています。そのうえで、どう関わるのがよいかという次の問題については、「子どもが楽しそうに、リラックスしてやりとりに参加しているか」「大人も子どもとのやりとりが心地よく感じられるか」といった観点で見極めることが好ましいでしょう。目の前の子どもの応答や、あなたの感じ方のなかに、きっとその答えやヒントがあるのではないかと思います。本書を読むことで、お子さんと楽しく、心地よく接するための手がかりが見つかればとても嬉しいです。

　とはいえ、子どもに直接関わっている読者のみなさんのなかには、ゆっくり本を読む時間なんてない、と感じる方もいらっしゃるかもしれません。そういう読者のみなさんのために、本書では、トピックごとのまとめポイントとして「案内ボード」を提示したり、イラストをたくさん使ったりして、少しでも読むことへの負担が少なくなるように配慮したつもりです。また、さしあたり学術的知見だけを知りたいという方のために、知見そのものと、その知見のベースになった研究手法の話とを区別して記載するようにしました。研究手法は「どうやって調べたの？——研究の舞台裏」という形で囲み記事になっているので、時間がなくてとにかく結果だけ知りたいという方は、この部分は読み飛ばしていただくことも可能です。

◆　ツアーの構成

　本書では、3つのツアーを企画しました。ひとつめは、ことばの発達の全体像をおおまかにつかむための「**ことばの発達を広く眺めてみよう**」です。ひとくちにことばの発達といっても、その内容は実に多岐にわたります。このツアーでは、それらをいくつかの切り口に整理しながら、それぞれの切り口に関連する具体的な知見を紹介します。

　ふたつめは、「**子ども独自のことばの世界に飛び込んでみよう**」です。このツアーでは、ことばの発達をめぐる切り口のなかでも、特に

筆者の研究や関心に寄せて、大人とは違う子どもの独特なことばのとらえ方や、その発達的な変化に迫ります。

　そしてみっつめは、「**ひらかれたことばの発達研究を目指して**」です。ことばの発達をめぐる学術的な知見は、発達研究全体のなかでどのような位置を占めるのか、また、それらは実践とどのように結びつくのかといった事柄について、対談を通して考えていきます。

　さて、前置きが少し長くなってしまいましたが、ことばの発達の舞台裏をめぐるツアーがいよいよ始まります。子どもがことばを身につけるなかで見られる隠れたクライマックスやハイライトシーン、そして、子どもに関わる他者が提供する知られざるファインプレーなど、ことばの発達をめぐる不思議が次々と浮き彫りになり、読者のみなさんに楽しんでいただけますように！

ツアーご参加にあたってのお願い

　講義や研修などで登壇するとき、筆者はいつも受講者の方々に以下の3点をお願いしています。

1 頭をすっきりさせるための"失礼な態度"は OK
集中するのに必要な感覚刺激はご自身で入力を（グッズ使用や飲食を含む）。
ただし、なるべく寝ないようにしてください。淋しいので。

2 質問があれば"この場で"投げかけてください
疑問はその場で解決した方が早いです。静かに大人しく聴講する必要はありません。
その場で答えられない場合は、萩原の宿題とします。

3 "傷ついた"と感じる言葉は教えてください
ときにデリケートな話題を扱います。何気ない言葉が気にかかったら教えてください。
お互いの気づきを言葉にして、これからどうしたらよいか相談しましょう。

　今回は書籍という形式で読者のみなさんと関わることになるので、すべてこの通りというわけにはいきません。そこで、書籍用に少し修正して、改めてみなさんに3つのお願いをしたいと思います。

① **気軽な気分で本書を手に取って眺めてみてください！**

　いわゆる「学術書」といえば、真面目に読まなきゃいけないとか、最初から最後まで読み通さないといけないとか、そういう謎のプレッシャーを感じてしまうかもしれません（私もそうでした）。でも、本書はそういう「お勉強モード」で読む必要はまったくありません。肩の力を抜いて、ラクな気持ちで手に取っていただけたらと思います。ご飯やおやつを食べながらでも、ベッドで寝転がりながらでも、短時間でも手に取って眺めてもらえたら十分嬉しいです（「お行儀が悪い」と言われてしまうかもしれませんが、私個人は少なくとも気にしませんし、みなさんがどういうふうに読んでくださるかなんて知る由もありません）。ちょっと興味のあるページだけつまみ食いのように読んでいただいたり、誰かに読み聞かせしてもらったりと、あなたに合った読み方で楽

しんでいただけたらと思います。

②　わかりにくい部分や気になる部分があったら、ぜひ参考文献など を辿って深堀りしてみてください！

　なるべく平易な文章で書いたつもりではありますが、私の書き方が拙かったり、あるいは私自身の知識が不足していたりするために、みなさんに十分に内容が伝わらない箇所があるかもしれません。その際は本当にごめんなさい！　授業や研修ならその場でご質問いただけるのですが、今回は書籍なので、その場で筆者に質問を投げかけていただくことは難しいと思われます。

　でも、せっかくみなさんの心に浮かび上がった疑問や関心ですから、ぜひ大事にしていただきたいです。私が直接対応できない代わりといってはなんですが、本書には、文献リストや読書案内（コラム2「ことばの発達についてもっと学びたい方への読書案内」（142ページ））を設けました。ちょっとわかりにくい参考文献リストの読み解き方や文献検索のコツについても、コラム3「参考文献ってどうやって見たら／探したらいいの？」で紹介していますし、リストはウェブ上でもリンク付きで公開しています（180ページを参照）。ぜひこれらのリソースをご活用いただいて、ことばの発達の不思議をみなさんご自身でどんどん深堀りしていただけたら嬉しく思います。

③　"傷ついた"と感じる言葉があれば、何かの機会にぜひ教えてください！

　本書では、「ことば」「発達」「子ども」といったテーマを扱っていきます。専門家としてなるべく気をつけたつもりではありますが、私自身の想像力の及ばぬところで、もしかしたら読者のみなさんを傷つけてしまう内容や表現があるかもしれません。もし、そのような場面に気がついたら、よかったら何かの機会にぜひ教えていただくか、モヤモヤをひとりで抱え込まずにどなたかと共有していただけたらと思

います。

　ことばの発達の一般的な学術的知見を紹介する際には、どうしても「多くの子どもたちに当てはまること」の紹介が中心的になってしまい、本来はもっと多様な発達の在り方に十分には言及できない場合があります。たとえばこのあとのツアーでは、言語音を構成する「音の聞き分け」について紹介する部分がありますが、手話言語が母語の方々からすると、「どうして手話の音韻については触れてくれないのだろう」と思われるかもしれません。この原因のひとつは、ひとえに筆者の知識不足にあります（でも、手話言語にもとっても興味があるので、共同研究してくださる方がいたらぜひ一緒にお願いします！）。

　ただ、「何かを紹介しない」ことは、決してそれらを排除しようと意図したわけではないということをご理解いただけたらと思います。不完全ではありますが、本書の執筆にあたっては「誰かを取り残す」ことのないようできる限り努めたつもりです。それでも及ばぬ点は多々あると思いますので、もし本書を読むなかで「傷ついた」と感じることがあったら、それは決してあなたのせいではなく、むしろ筆者である私の責任です。なお、「多様性」に対する私自身の態度については、萩原（2020）で述べていますので、よかったらご一読ください。

　以上、３つのお願いについて説明させていただきました。読者のみなさんが、心身ともにリラックスして、安心安全な環境で本書を読み進められますように！

ツアー1

ことばの発達を広く眺めてみよう

1 話しことばの一般的な発達

案内ボード

- 話しことばの発達には、音韻・語彙・文法・やりとりなどいくつかの切り口があり、それぞれ理解・表出の 2 側面がある
- それぞれの切り口は互いに影響し合いながら発達し、どの切り口に注目するかによって目立つ発達の時期が異なる
- ことばの発達には周囲の環境が色濃く影響し、子どもたちは環境中の手がかりを見つけ、利用しながらことばを身につけていく

◆ 話しことばの発達を切り取るいくつかのスコープ

　「ことばの発達」と聞いて、読者のみなさんはどのようなイメージを思い浮かべるでしょうか？　ひとくちに「ことばの発達」といっても、実はそこにはいろいろな意味が含まれています。専門家同士でさえ、「ことばの発達」と聞いて頭に浮かべるものはさまざまです。ある人は「母語に合わせて音を聞き分けたり、適切に発音できるようになったりすること」とイメージするかもしれませんし、別の人は「ことばを使って他者とスムーズにやりとりできるようになること」と考えるかもしれません。

　話しことばを使って他者とやりとりしたり、自分の考えをまとめあげたりする力は、およそ 5 〜 6 歳ごろに完成すると考えられています。そして、この話しことばの発達を見るための切り口には、いくつかの種類があります（萩原, 2021）。本書では、以下の 4 つのスコープ（着

眼点）に切り分けて考えてみたいと思います。

① **音韻**　母語の音（手話の場合は手の形や位置、動き）の体系を理解
　　したり表出したりすること。
② **語彙**　モノの名前や行為の名前など、単語を理解したり表出した
　　りすること。
③ **文法**　文を理解したり、単語同士を組み合わせて文を表出したり
　　すること。
④ **やりとり**　やりとりのなかで相手の意図や単語・文を理解したり、
　　自分の意図を相手に伝えたりすること。

　これらのどの切り口に注目するかによって、ことばの発達の見え方
は変わっていきます。それぞれの切り口で見たときに、音韻や語彙と
いった各スコープでの発達は同時並行的に展開していきますが、特に
目立って発達する時期には違いがあります。たとえば、音韻の発達が
特に目覚ましいのはおよそ０歳代で、０歳後半ごろから音と意味を結
びつける語彙の習得が始まっていき、ある程度単語を習得すると、
徐々に単語同士を組み合わせる文法の発達が顕著になっていく、と
いった一般的な発達の流れがあります。やりとりの発達は、より広く
社会性の発達と関わっていて、どの年齢帯に注目するかによって発達
的に際立つ部分が異なります。それぞれの切り口でどのような発達の
顕著な変化が見られるか、その一例を**図１-１**に示してみました。
　いずれの切り口においても、他者の意図や外界からの情報などを受
け取って処理する「理解」の側面と、他者に思いを伝えたり、自分な
りに咀嚼した情報を発信したりする「表出」の側面の２つがあります。
一般に、理解の発達は表出の発達に先駆けて進むことが知られていま
す。音韻の発達であれば、「聞き取れるけど発音できない」、語彙の発
達であれば「わかるけど言えない」といった時期がある、ということ
ですね。

図1-1　スコープごとに見たことばの発達の例

萩原（2021）をもとに作成。時期はあくまでも目安を示す。㊤は理解、㊡は表出を示す。

　そして、それぞれの発達は別々に進んでいくのではなくて、お互いに影響し合いながら展開していきます。母語を構成する音がわかってくると単語を理解しやすくなりますし（音韻→語彙）、語彙が増えてくるとその組み合わせである文もつくりやすくなります（語彙→文法）。反対に、文の構造がわかることで、単語の意味が定まりやすくなることもあります（文法→語彙）。

　ここまでで、話しことばの発達は、音韻・語彙・文法・やりとりの
スコープに大別できること、そして、それらの領域は互いに影響を及
ぼし合いながら発達することをお話ししました。ちなみに、それ以外
のスコープの切り取り方もあります。たとえば、ことばの発達支援の
現場では、語彙や文法についての知識に関わる（狭義の）"language"、
発声や聴覚処理に関わる"speech"、場面や文脈に沿ったことばの使用
に関わる"communication"という 3 つの軸でことばをとらえる、とい
う見方が用いられる場合もあります（大伴，2017；中川，2009）。また、
話しことばの基礎がある程度整ってきたら、今度は読み書きに代表さ
れる「書きことば」の発達も、ことばの発達全体を見渡す際の重要な
スコープになっていきます。いずれにしても、ことばの発達は単に
「単語が言えるようになる」といったシンプルなものではなくて、非
常に多層的・多面的である、という理解が重要です。第 2 ～ 5 章では、
音韻・語彙・文法・やりとりの 4 つのスコープのそれぞれについて、
もう少し詳しく見ていきます。

◆ ことばの発達を支える手がかり

　子どもたちは、周囲の環境のなかにある手がかりを見つけ、利用し
ながら、ことばを身につけていきます。その意味で、ことばの発達は
環境に支えられているといえます。そのことを示す象徴的なエピソー
ドをひとつ紹介しましょう。
　1980年代初頭、中央アメリカにあるニカラグアの首都マナグアに、
耳が聞こえない「デフ」の子どもたちを集めた学校ができました。そ
れ以前は、マナグアにはデフの子どもたちのためのろう学校は存在せ
ず、家庭ごとに簡単なホームサインを使ってコミュニケーションをと
ることはあっても、共通言語としての手話と呼べるものはなかったそ
うです。というのも、デフの子どもたちのほとんどは聴者（耳が聞こ
える人）の家庭に生まれることが知られており（高嶋，2022）、デフの

子どもたち同士が接触する機会はほとんどなかったと思われるからです。ところが、ろう学校に集められた子どもたちは、自発的に手話で頻繁にやりとりするようになり、これまで存在しなかった複雑な構造をもつ手話言語が急速に発展していきました。この出来事は、まさに「言語が誕生する瞬間」が初めて観測されたということで、世界的に注目され盛んに研究されました（たとえば、Senghas et al., 2004）。

　ニカラグア手話は、誰から教わるでもなく、デフの子どもたちの間でおのずから発生したものです。そのため、「ことばを使う能力はヒトという種に生得的に備わっているんだ！」と考える研究者は大いに背中を押されました。一方で、このエピソードは同時に、ことばの発達には周囲の環境が非常に重要な役割を果たすということも示しています。実際に、ニカラグア手話の研究に取り組んだ言語学者ケーゲル（Judy Kegl）博士は、次のように述べています。

　　ことばは生得的なものだとは思いますが、「相棒」が必要です。ことばを使うためには「理由」が要るのです。だから、家庭に取り残されていたデフの人々は、ことばを発達させるためのきっかけをもたず、「ことばのない状態」に留まっていたのだと思います。

（Kegl, 2020）

　このように、ことばの発達を理解するためには、子ども自身にもともと備わっている力だけでなく、周囲の環境がもたらす影響についても知っておくことが大切です。では、子どもたちは環境のなかのどのような手がかりを使ってことばを身につけていくのでしょうか？　ここでは、語彙発達についてのモデルのひとつである「創発連立モデル」（**図1-2**）（Hollich et al., 2000）の枠組みに沿って、いくつかの手がかりを紹介してみたいと思います。

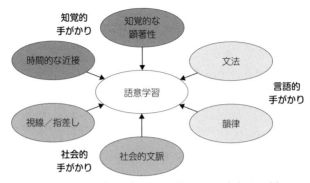

図1-2　ことばの発達において利用される手がかりの例
Hollich et al.（2000）をもとに作成。

①　知覚的手がかり

　視覚的または聴覚的な目立ちやすさは、子どもの関心を引き、ことばの発達に影響しやすいことが知られています。たとえば、子どもは色が目立っていたり、光ったりするモノの名前をおぼえやすいことが報告されています（Axelsson et al., 2012；Pruden et al., 2006）。また、子どもの発声や行動のタイミングに合わせて、大人がテンポよくことばを返すことが、子どもの音韻や語彙の発達を促進するなど（Goldstein & Schwade, 2008；Tamis-LeMonda et al., 2001）、時間的な近接（その場ですぐに反応が返ってくること）も、ことばの発達において有効な手がかりだといわれています。

②　社会的手がかり

　他者の視線や指差しといった社会的な手がかりも、ことばの発達に影響する重要な要因です。相手の視線や指差しの先にあるものをとらえる力は、その後の語彙の発達を予測することが知られています（Colonnesi et al., 2010；Okumura et al., 2017）。また、いないいないばぁ遊びなど、パターン化されていて次の展開を予測しやすい活動や、生活のなかで生じる特定の社会的文脈が、ことばの理解を促す土台になる

という指摘もあります（Nelson, 1983；Roy et al., 2015）。実際に、お風呂、食事、着替えといった異なる文脈で、養育者は異なることばかけをしていることが多く、そうした文脈ごとに異なる体験のまとまりが、単語の理解などを助けている可能性があります（Tamis-LeMonda et al., 2019）。

③　言語的手がかり

　ことばを発するときに生じる特有のリズムやイントネーションといった韻律の情報や、文の構造といった手がかりも、子どもたちが利用しやすい手がかりのひとつです。大人は無意識のうちに、幼い子どもに話すときには声を高くしたり、イントネーションを誇張したり、単純で繰り返しの多い発話をしたりすることがよくあります。こうした特有の発話スタイル（言語レジスターとも呼ばれます）は「対乳児発話」として知られており、ことばの発達を促すことが知られています（Singh et al., 2009；Thiessen et al., 2005）。同様に、子どもと遊ぶときにおもちゃを振ってみせる頻度が増えるといった、子どもとの関わりにおいて用いられる特有のジェスチャーも、ことばの発達を促すと報告されています（Matatyaho-Bullaro et al., 2014）。さらに、幼い子どもと話すときに大人は文を単純化したり（Elmlinger et al., 2023；Foushee et al., 2016；Odijk & Gillis, 2021；Roy et al., 2009）、日本語の場合は助詞を省略したりしやすいことも知られています（池田ら，2016；大伴ら，2015）。一方で、子どもがある程度ことばを理解するようになったら、大人は文を長くしたり、単語同士の組み合わせのパターンを増やしたりして、発話の複雑性を増していくという報告もあります（Hills, 2013；Roy et al., 2009）。

　それ以外にも、ことばの発達に影響する環境要因にはさまざまなものがあり、なかにはネガティブな影響を与えうる要因も存在します。近年特に注目されているのは、スマホ利用などのスクリーンタイム

（Bergmann et al., 2022；Lederer et al., 2022；Madigan et al., 2020）や、COVID-19の感染拡大で広まったマスク着用（Singh et al., 2021；Singh & Quinn, 2023）、社会的・経済的に困難を伴う家庭状況（Hoff, 2003；Levine et al., 2020）といった要因です。ただし、こうした要因が必ずしも深刻な影響を及ぼすとは限らないことにも注意が必要です。たとえば、養育者と一緒に動画を視聴したり、教育的なコンテンツを視聴したりすることは、ことばの発達にむしろポジティブに影響する可能性が指摘されています（Madigan et al., 2020）。また、マスクで相手の口元が見えなくても、子どもは単語を適切に聞き取ることができたり（Singh et al., 2021）、口元が見えないぶん、大人はマスクを着用しているときには身振り手振りを増やしてやりとりの質を保っていたりする（Crimon et al., 2022）ことが示唆されています。

◆ 「学び」のための最適な環境

　子どもたちがことばを身につけていくための最適な環境とは、どのようなものでしょうか？　研究者や実践家によって、その答えはさまざまかと思いますが、ひとつの枠組みとして、発達心理学者のハーシュ-パセック（Kathy Hirsh-Pasek）博士らが提唱している「4つの柱」（**図1-3**）を紹介したいと思います（Hirsh-Pasek et al., 2015；Hassinger-Das et al., 2020）。子どもは、①能動的に活動に関わることができ、②興味をもって対象に注意を向け続けることができ、③学ぶ対象が自分自身の生活体験と結びつきやすく、④他者とのやりとりがある状況において最もよく学ぶことができる、という考え方です。絵本の読み聞かせ場面を例にして考えてみると、ただ大人が文章を淡々と読み進めるのではなく、ちょっと立ち止まって、絵本に何が描かれているのかを子どもが自由に探索する時間を設けることで、子どもにとって能動性の高い状況をつくることができるかもしれません。また、興味があちらこちらに移ってしまわないように、絵本を読むときには

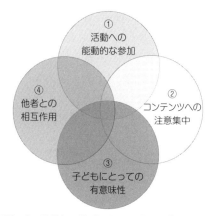

図1-3　子どもの学びにおいて重要な「4つの柱」

Hassinger-Das et al.（2020）をもとに作成。

テレビや音楽は消しておくといった工夫も考えられます。料理に関わる絵本を読んだあとには、絵本に出てきた食べ物を実際にスーパーに見に行ってみたり、その料理を一緒に作って食べてみたりすることで、子どもは絵本の世界と現実の世界とを結びつけやすくなるでしょう。絵本を与えるだけではなく一緒に読んだり、描かれているものについて「ワンワンいるね。茶色いね」などとやりとりしてみることも重要かもしれません。4つの柱すべてを常に満たすことは難しいかもしれませんが、このうちのいくつかでも気に留めておくことで、子どもたちが学び、発達する環境をより良いものにできる可能性があります。

　とはいえ、大人が気負い過ぎると、大人も子どもも疲れてしまいます。大人も子どもも心地よいと思える状況を探りながら、ほどほどを目指す（木下，2021）というのもひとつの方向性かな……と筆者自身は考えています。

2 音　韻
——母語の音の特徴、みーつけた！

スコープの概要

> ### 案内ボード
> - 音韻の発達は胎児期からすでに始まっている
> - 音韻理解の発達は生後1年目に顕著に生じ、子どもは母語の音韻の特徴をとらえていく
> - 音韻の表出は理解に比べるとゆっくり発達し、試行錯誤を繰り返しながら徐々にうまく発音できるようになっていく

◆ ことばの発達はいつから始まっている？

　子どもがことばを学び始めるのは、いったいいつからなのでしょうか？　初めて「マンマ」など意味のある単語を言えるようになったときでしょうか。それとも、初めて「オギャァ」と泣いたときでしょうか。

　実は、音を聞いて知覚するという点でいえば、胎児期からすでにことばの発達の旅路はスタートしています。一般に、聴覚システムは妊娠25週くらいからはたらき始めるといわれています（Graven & Browne, 2008）。したがって、赤ちゃんはおなかのなかにいるときから、いろいろな音を聞いて経験を蓄えているようです。実際に、生まれたばかりの赤ちゃんでも、たとえば母語と外国語の母音を区別できることがわかっています（Moon et al., 2013）。音韻のスコープで見てみると、

図2-1　胎児のことばの理解は大人とは異なる

ことばの理解に関する発達はこんなに早くから始まっているのですね。

　ちなみに、赤ちゃんは胎内では羊水という液体に囲まれているので、聞こえる音の性質は、私たちがふだん聞いている音の性質とはずいぶんと異なります。また、おなかのなかには、お母さんの心臓の鼓動や内臓の音なども伝わります。さらに、胎児期の聴覚の発達はまだ十分ではありませんし、聞こえてくる音がいったいどのような意味をもつのかも、赤ちゃんにはまだわからない状態です。ですから、おなかのなかに届いてくる言語音を、赤ちゃんが大人と同じように理解しているわけではないことには注意が必要かもしれません（**図2-1**）。声の上がり下がりといった調子の変化やリズムなどはある程度わかったとしても、何を言っているのかはぼんやりとしていてよくわからない、胎児期の赤ちゃんはそういう音を聞いているのだと考えられます（針生，2019）。

　さて、理解の側面だけでなく、表出の側面でも、音韻の発達はかなり早い段階から顕著に見られ始めます。たとえば、生まれたばかりの

赤ちゃんの泣き方の特徴は、母語によって異なることが報告されています（Mampe et al., 2009）。フランス語圏の赤ちゃんは「ォギャア」（♪♪）といった上がり調子で泣きやすいのに対して、ドイツ語圏の赤ちゃんは「オギャァ」（へへ）と下がり調子で泣く傾向があるそうです。このように、おなかのなかにいるときに聞いていた音の特徴は、音の知覚（理解）や泣き方（表出）に影響を与えるようです。

◆ 音韻の特徴——日本語の場合

　生後1年目のあいだに、音韻の発達はさらにとてつもない勢いで進んでいきます。たとえば、生後3ヶ月ごろになると、動物の鳴き声よりも人間の発話音の方を好むようになるなど（Vouloumanos et al., 2010）、さまざまな音のなかでも言語的な音声に特に注意を向けるようになります。また、あとで紹介するように、生後6〜10ヶ月ごろには、母語の音韻体系に合うように音の理解の仕方を変化させていきます。そうやって多くの子どもたちは、1歳の誕生日を迎えるころには母語がもつ音韻の特徴をかなりのところまで理解できるようになるのです。

　それぞれの言語がもつ音韻の特徴には、たとえばどういうものがあるでしょうか。日本語の例をいくつか紹介しましょう。まずよく取り上げられるのは、日本語における音のまとまりの作り方（いわゆる「五十音」）かと思われます。たとえば、日本語の母音は「あ」「い」「う」「え」「お」の5種類しかありませんが、英語になるとその数は倍以上に膨れ上がります。日本語では同じ「バット」でも、英語の"bat"（bˈæt；コウモリ）と"but"（bˈʌt；しかし）では発音が異なっていて、英語母語話者はこの2つを明確に区別できます。そういえば、筆者がアイルランドの研究室に滞在していたとき、研究室のメンバーに"Anna"と"Enna"と"Áine"がいて、どの人の名前も「エナ」にしか聞こえず混乱したことがありました（「ごめん。いまのエナはどのエナさん!?」と無礼を承知で何度確認したことか……）。同じように、子音

のまとまりの作り方にも、日本語とほかの言語とでは違いがあります。たとえば、日本語母語話者には、"light"（光）も"right"（右）も多くの場合同じ「ライト」に聞こえてしまいます。

　反対に、日本語にあって英語にない音韻の特徴もあります。たとえば、「おばちゃん」と「おばあちゃん」のように、日本語では母音を短く発音するか、長く発音するかによって、単語の意味が変わることがあります。しかし、このような日本語の特徴は、英語母語話者にとっては理解しづらいそうです。また、イントネーションによって単語の意味が変わることも、日本語の特徴のひとつです。たとえば、「あめ」をどのように発音するかによって、「雨」（＼＼）なのか「飴」（ノノ）なのか、意味が変わってしまいます。

　このように、音韻には、言語によってさまざまな特徴があります。そして赤ちゃんは、このような母語がもつ音韻の特徴を、最初の1年のうちにどんどん理解していくようだということが、さまざまな研究によって明らかにされてきました。さらに幼児期になると、母語を構成する音韻をさらに分析的に理解することができるようになり、読み書きの発達へとつながっていきます。

◆ 音韻の表出は理解の側面に比べてゆっくり発達する

　他方、音韻の表出の側面に注目すると、その発達はもう少し緩やかで、母語の音を正しく聞き取ることができたとしても、同じ時期にそれをうまく発音できるとは限りません。というのも、生まれてきたばかりの赤ちゃんの口や喉といった構音器官は、大人の人間よりもむしろチンパンジーなどの霊長類に近く（Mugitani & Hiroya, 2012）、まだことばをうまく発音できるような状態ではないからです（**図2-2**）。加えて、唇や喉、舌などを思い通りに動かすことも難しいので、理解の側面に比べると、表出の側面の発達はゆっくり進むことになります。

　生後1年目の赤ちゃんは、いろんなバリエーションの音を出してみ

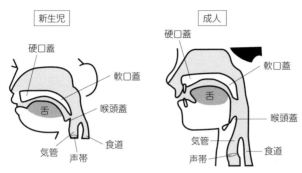

図 2-2 新生児の声道と成人の声道

るる{ことや、いわゆる「言語っぽい音・リズム」を出すことに力を注ぐようになっていきます（柳田ら, 2011）。生後 2 ヶ月ごろになると、力任せになりがちだった泣きもちょっとやわらかくなり、声の高さや強さをあれこれ変えながら「アー」「クー」と音を出してみる様子が見られるようになります（このような発声はクーイングと呼ばれます）。また、生後 6 ～ 8 ヶ月ごろには、「ババババ」「マンマンマン」といった、子音と母音を組み合わせた音を繰り返し表出する発声（規準喃語と呼ばれます）が増えていきます。いわゆる意味のある単語、たとえば「マンマ」（ご飯、ママ）といったことばを発するようになるのは、1 歳の誕生日を迎えるころだといわれています。

　それ以降も、唇や喉、舌などをうまく調節しながら発音するという発達の旅は続きます。研究者や著名人の講演を配信している TED というウェブサイトがありますが、アメリカの研究者ロイ（Deb Roy）博士の講演では、英語圏の赤ちゃんが "water" という単語を言えるようになるまでの発音の軌跡を聞くことができます（Roy, 2011；日本語字幕もあるのでぜひ聞いてみてください）。最初のうちは "gaga""guga" のように発音していた赤ちゃんが、次第に音の出し方を巧みに調節するようになっていき、ときには "wa……derr……" のようにひとつひとつの音を注意深くかみしめながら発して、最終的になめら

かでカンペキな“water”の発音ができるようになっていく様は、非常に感動的です。子どもは知らないうちに自然とことばを身につけていくと私たち大人は考えがちですが、こうした事例は、子どもがいかに積極的に、うまくいったり間違えたりを繰り返しながらことばを学んでいくのかということを教えてくれているように思います。

　日本語の場合、子どもがそれぞれの音を適切に発音できるようになる、つまり構音が完成するのは、おおむね4〜5歳ごろだとされています（高見ら，2009；McLeod & Crowe, 2018）。その過程には、先ほど紹介した“water”の例と同じように、さまざまな試行錯誤があるようです。たとえば、「サカナ」が「タカナ」になってしまったり、「オニギリ」を「オギニリ」と言ってしまったりするようなことも多々あります。音によって、発音しやすい音としにくい音とがあり、特にサ行やタ行、ラ行の音は習得が難しいことが報告されています（大塚，2005）。スルスルとあっという間にことばをおぼえていくように見える子どもたちですが、こうしてつぶさに観察してみると、絶え間ない探索と努力の足跡を辿ることができるのです。

学術的知見ピックアップ

案内ボード

- 子どもの音韻理解は、母語の音韻体系に沿うようにチューニングされていく
- 音韻理解が母語に最適化されることは、その後の単語の習得に影響する
- 音韻理解のチューニングには、他者とのやりとりが重要な役割を果たす

◆ 母語へのチューニング——LとRはまとめちゃえ！

みなさんは、英語の授業でLとRの音の聞き分けに苦労したことはありませんか？　たとえば、英語の"light"（光）と"right"（右）は、まったく意味が異なる別々の単語で、発音も違います。でも、日本語の発音だとどちらの単語も「ライト」になってしまいます。LとRがうまく聞き分けられなくて、英語のリスニングで変な勘違いをしてしまった……といったエピソードは、日本語話者の「あるある話」ではないでしょうか。

実は、生後6〜8ヶ月ごろの赤ちゃんは、英語の環境で育つか日本語の環境で育つかにかかわらず、このLとRの音の違いをそれなりに区別できることが知られています（Kuhl et al., 2006）。ところが、そのたった数ヶ月後の生後10〜12ヶ月ごろになると、この聞き分けの力は母語の環境に左右されるようになります。英語の環境で育った赤ちゃんは、LとRの音の違いをさらに鋭敏に聞き分けられるようになるのに対して、日本語の環境で育った赤ちゃんの場合、聞き分けの成績は向上しません（平均値で見ると、むしろ低下します）。

どうやって調べたの？——研究の舞台裏1

赤ちゃんがLとRなど、2つの音を区別しているかどうかは、いったいどうやって調べるのでしょうか？　音の聞き分け課題の指標には、赤ちゃんの「振り向き反応」がしばしば使われます。まず、赤ちゃんには、聞いている音が変化したときにタイミングよく室内のおもちゃ箱の方を見ると、そのおもちゃ箱が光ったり動いたりする、という遊びを体験してもらいます。そうすることで、「音が変わったら振り向いておもちゃ箱を見る」という課題のルールを理解してもらいます。次に、たとえばLの音を繰り返し聞いてもらい、その音を途中でRに変えます（la, la, la, la, la, **ra**, ...)。音がLからRに変わったときに赤ちゃんがタイミングよくおもちゃ箱の方を振り向いたら、赤ちゃんはLとRの音を区別していると判断します。一方で、赤ちゃんがおもちゃ箱の方を振り向かなかったり、振り向きのタイミングと音の変化のタイミングがずれていたりした場合には、LとRの聞き分けはできていないと判断します。ただし、赤ちゃんが振り向いたのは音の違いに気づいたからではなく、たまたま運よくタイミングが重なっただけかもしれません。このような可能性を考慮するために、音がLのまま変化しないという条件も同様に実施します（la, la, la, la, la, **la**, ...）。これらの結果を総合して、音がLからRに変化したときにだけ振り向き反応が見られる程度を計算することで、赤ちゃんがどのくらい音の違いを聞き分けることができているのかを調べるのです。

　生後およそ半年〜1年の間に、赤ちゃんの音韻の理解の仕方は、母語がどのような音から構成されているかに応じてより最適にチューニングされていくようです（**図2-3**）。母語が英語であれば、LとRを聞き分けることは非常に重要です。"light"と"right"を混同してしまうような状態では、ことばの習得はとても困難だと思われます。一方で、日本語の場合は、これらの音は「ラ行の音」というようにまとめてしまっても差し支えないでしょう。一般的に、LやRといった子音が母語の音韻に沿うようにチューニングされるのは、生後8〜10ヶ月ごろだとされています。「ア」や「オ」といった母音のチューニングは、もう少し早い生後6ヶ月ごろに生じます（Tsuji & Cristia, 2014）。

　日本語の環境で育つ赤ちゃんの場合、LとRの聞き分けがだんだん難しくなっていくんですよ、と聞くと、なんだかもったいない気がしてくるかもしれません。「最初のうちは聞き分けられたんだから、その状態を維持できれば、日本人でも英語がもっと上手になるのでは？」と思った方もいるでしょう。しかし、日本語の音韻体系に合う

図2-3　母語の音韻体系へのチューニング

ように音韻理解を発達させていくことは、その後の日本語の習得において非常に重要な役割を果たすと思われます。つまり、LとRを区別しなくなる「おかげ」で、日本語をより効率的におぼえることができると考えられるのです。そのことを示唆する興味深い研究（Kuhl et al., 2008）を紹介しましょう。

　この研究では、英語の環境にある7.5ヶ月の赤ちゃんを、母語、つまり英語の音韻を区別する成績が良かった群と、そうでなかった群に分けて、その後の語彙数の発達を調べました。その結果、母語の音韻をうまく聞き分けられた群の方が、その後の発達で単語をより効率的に習得していくことがわかりました（図2-4左）。この研究では、もうひとつ、外国語の音韻の聞き分け課題も実施されています。具体的

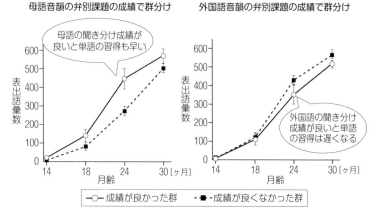

図2-4　7.5ヶ月児時点での音韻理解の成績とその後の語彙の発達

Kuhl et al.（2008）をもとに作成。

には、母語の英語では区別しなくてよいけれども、外国語（この場合
は中国語）では区別しなければならない音について、赤ちゃんが聞き
分けられるかどうかを調べたのです。すると、母語の音韻の聞き分け
課題の結果とは反対に、7.5ヶ月の時点で外国語の音韻の聞き分け成
績が良かった赤ちゃんは、そうでなかった赤ちゃんに比べて、母語の
単語習得が遅くなるという結果になりました（**図2-4**右）。どうやら、
母語の音韻体系に沿って音韻理解がチューニングされていると、その
後の単語の習得が促進されるのに対して、外国語の音韻体系の聞き分
けができてしまうと、母語の習得にはかえってブレーキがかかってし
まうようです。

　このように、母語の音韻体系に合わせて音韻理解の仕方をチューニ
ングしていくことは、その後のことばの発達の大切な土台になります。
日本語の環境にある赤ちゃんがLとRをだんだん区別しなくなってい
くということは、決して残念なことばかりではありません。むしろ、
日本語を上手におぼえるための準備をしている、というようにとらえ
ることができると思います。

◆ 母語も外国語も話せるようになってほしい場合は？

　そうはいっても、「やっぱり日本語以外の言語も話せるようになっ
てほしい」と願う保護者の方もいらっしゃるでしょう。英語やスペイ
ン語、中国語、韓国語などの教材を早いうちから子どもに与えたくな
るのが親心かもしれません。特に、ご自身が語学に関して悔しい思い
や恥ずかしい体験をされたことがあればなおさら「わが子に同じ思い
はさせまい」と考えがちではないかと思います。でも、たとえば外国
語の DVD や YouTube 動画をただ見せるだけで、子どもは本当に外
国語の音韻体系もチューニングできるようになるのでしょうか？

　ちょっとショッキングな知見かもしれませんが、単に赤ちゃんに動
画を見せたり、CD を聞かせたりするだけでは、外国語の音韻をうま
く聞き分けられるようにはならないということが報告されています
(Kuhl et al., 2003)。一方で、赤ちゃんが外国語の音韻をうまく聞き分
けられるようになった状況もありました。それは、実際にその外国語
を話す他者とのやりとりを経験した場合です。音韻理解のチューニン
グを、母語だけでなく外国語にも合わせられるようにするためのひと
つのポイントは、その言語を使って一緒におもちゃで遊んだり、絵本
の読み聞かせをしたりすること、つまり、実際に他者とやりとりする
なかでその言語に触れることではないかということが示唆されます
（図2‐5）。

　おそらく、他者とやりとりすることは、外国語に限らず、母語の音
韻理解においても重要だと思われます。「この人ともっと遊びたい」
「この人ともっとやりとりしたい」と子どもが感じるほど、相手が発
している音の特徴により注意を向けやすくなり、その結果として音韻
理解のチューニングが促進されるのかもしれません。つまり、必要性
があるから学ぶ、ということです。ことばの習得に特化した教材を単
に子どもに与えるよりも、自然なかたちで子どもと触れ合うこと自体

図2-5　他者とのやりとりが音韻理解の発達を促す

の方が、ことばの発達のためのより素敵な瞬間になるのかもしれませ
んね。

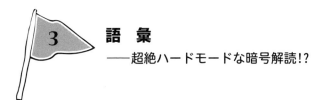

3 語 彙
—超絶ハードモードな暗号解読!?

スコープの概要

> ## 案内ボード
>
> ● 語彙の発達のためには、人が発する音には何らかの意味があるということ自体の発見が必要となる
> ● 子どもはさまざまな手がかりを駆使しながら、単語の意味を絞り込んだり、意味の境界を引き直したりしている
> ● 語彙の発達には一般的な原則がある一方で、習得の順序やスピードには大きな個人差がある

◆ 新しい単語の習得はまるで暗号解読

　みなさんは、「からう」という単語の意味をご存知ですか?　それから、"sibling" という単語を聞いたことはあるでしょうか?

　「からう」は九州地方で使われる方言で、ランドセルやリュックサックなどを「背負う」ことを意味します。筆者の地元(長崎県佐世保市)では日常的に使われており、てっきり日本全国で通じるはずだと思っていたものですから、関西出身の友人から「え、どういう意味?」と言われたときにはとても驚きました。

　一方 "sibling" は、兄弟や姉妹を意味する英単語です。性別や年齢の上下関係を問わないより一般的な表現なので、ぴったりと当てはまる端的な日本語訳がない英単語の例としてしばしば紹介されます(日

本語だと「兄弟姉妹」と表現するか、最近なら「きょうだい」とひらがなで表記すれば同じような意味になるでしょうか）。

　方言にしても外国語にしても、私たちは知らない単語に出合ったとき、通常は自分にとって馴染みのある母語を手がかりにして、その意味をとらえようとします。その過程は、さながら暗号解読に取り組んでいるときのようです。ところが、赤ちゃんがことばを身につける過程は、大人が外国語を習得するときとは大きく事情が異なります。まず、赤ちゃんは、ある音の配列（手話の場合は手指運動や表情の配列）が何らかの事柄を意味している、ということ自体を知りません。"ringo" という音は何を意味しているんだろう？　などと考える以前に、そもそも "ringo" の音は、換気扇の「ゴォォ」という音やリモコンの「ピッ」という音とは異なるいわゆる言語音で、言語音は何か特定の意味に対応している、ということから学んでいく必要があるのです。「これは暗号で、そのなかには大事な情報が隠れていますよ」と言われて暗号を解読するのが外国語習得だとしたら、母語習得は「そもそもそれが暗号だということがわからない」ところからスタートすることになります（図3-1）。

　このようなハードモードの状況でも、赤ちゃんはおよそ生後半年を過ぎたころから、音とその意味との対応関係を徐々に理解できるようになっていくことが知られています（Bergelson & Swingley, 2012）。"banana" という音韻は黄色い果物である〈バナナ〉を意味していることがわかるといった具合に、単語習得の兆しが見え始めるのです（本書では、単語の音韻の側面と意味の側面とを区別して表現するために、特に意味の側面について述べるときには〈　〉で表記することにします）。こうした語彙発達の最初の一歩を踏み出すためには、いろいろな前準備や、外部からの手がかりの提供が必要だと考えられています。言語的な音に注意を向けることで、「人が話す音には何か大事な情報が含まれている！」ということへの気づきが促されるのかもしれません。

　さて、「あ、これは暗号で、大事な情報が含まれているんだな」と

図3-1　いろいろな種類の音に囲まれている赤ちゃん

いうことがわかったとしても、語彙の発達には別の難題が降りかかります。たとえば、踏切の近くで電車が通り過ぎるのを見ながら、大人が赤ちゃんに「カンカン」と言ったとします。そして、赤ちゃんはこの単語を初めて聞いたとしましょう。このとき、「カンカン」という音がどのような意味に対応するかを考えると、あらゆる可能性を想定することができます（Quine, 1960/1984）。たとえば、〈踏切〉〈電車〉〈道路〉といったモノの名前かもしれないし、〈動く〉〈点滅する〉といった動きの名前、はたまた〈早い〉〈赤い〉といったモノの属性を意味しているかもしれません（**図3-2**）。私たち大人であれば、母語の語彙に照らしながら、初めて聞く単語の意味を想像することができます。しかし、ことばの世界にやってきたばかりの赤ちゃんの場合にはそうもいきません。

　このようにいくらでも候補が挙げられるような状況でも、子どもたちはどうやら効率的に単語の意味をとらえているようだということが、さまざまな研究から明らかにされてきています。たとえば、色や形な

図3-2　「カンカン」の意味の候補はたくさん！

どの目立つ情報に注目したり、大人の視線や指差しを手がかりにしたりすることで、「たぶんこういう意味なんじゃないかな……」と推理しているようです（Hollich et al., 2000）。

　子どもが表出する初期の語彙を眺めてみると、多くの言語圏で、「靴」「コップ」といったいわゆるモノの名前（モノ語）が大きな割合を占めます（Frank et al., 2021）。それに比べて、「履く」「飲む」といった行為をあらわす単語（行為語）や、「青い」「長い」などモノの属性をあらわす単語（属性語）、「を」「が」「に」といったいわゆるくっつきの語などの習得はゆっくり進みます。文法的なカテゴリーで考えるなら、名詞の発達は比較的早い一方で、動詞や形容詞、助詞の発達は遅い、ということになります。ただ、同じ名詞でも、「スプーン」などの具体的な単語に比べると、「食器」のような抽象的な単語の習得はより難しいでしょう。同様の理由で、「食べる」のような動詞よりも「考える」のような動詞の方が習得しづらいと考えられます。したがって、単語の習得のしやすさは、その単語に対応する意味の具体性やイメージのしやすさに左右されるといえます（Maguire et al., 2006）。

◆ 意味がわかっても、単語の習得はまだ終わらない

　単語の意味を決めるという無理難題については、それがモノなのか行為なのか属性なのかといった事柄に加えて、単語の意味の境界線をどこに引くかという問題もつきまといます。「ネコ」という単語の意味は、おうちで飼っているネコだけでなく、お散歩のときに見かけたネコや、絵本に出てくるネコも含むことになります。反対に、姿かたちはよく似ているけれども、「犬」という異なる単語で呼ばれる動物もいます。このように、単語の意味は、ある程度の幅をもちつつも、ほかとは区別されるような概念やカテゴリーであるといえます。

　こうした意味の境界線の引き方は、一般に言語によって変化します。たとえば、英語では、衣類を身につける際には "put on" や "wear" といった行為語を使いますが、日本語の場合、衣類の種類や身体のどこにつけるのかに応じて、「着る」「履く」「被る」「かける」などと異なる単語を使います（Hagihara et al., 2022）。また、英語ではジグソーパズルのピースを「はめる」ときも、箱におもちゃを「入れる」ときも "put in" と表現しますが、韓国語では容器と入れるモノの間に隙間がなく「ぴったり」おさまるかどうかに応じて "kkita" や "nehta" などと異なる表現をすることが知られています（Bowerman & Choi, 2001）。子どもたちは、母語がどのように世界を切り分けるかに応じて、単語の意味を理解していく必要があるのです。

　単語の意味範囲を特定するという問題に対して、子どもはときとして大人とは異なる発想をするようです。最初のうちは、よく聞く単語や言いやすい単語、使い勝手の良い汎用的な単語をおぼえておいて、ほかの単語を知ったり使ったりするなかで、単語がもつ意味の境界を引き直していくことが指摘されています（Saji et al., 2011）。１歳のときには〈犬〉だけでなく、〈猫〉や〈キリン〉のことも「ワンワン」と呼んだり、〈傘〉のことを「雨」と言ったりしていたのに、３歳や４

3

歳になると、動物や道具の名前をたくさん、しかも適切に言えるように
なる、といった例が当てはまるでしょうか。そういえば、筆者が幼
稚園で子どもたちと遊んでいたときに、3歳の子どもが何をするにし
ても「遊ぶ」と言うのに対して、4歳や5歳の子どもたちは「お絵描
きする」「ブロック積む」「ボール投げる」などと言っていて、表現が
細やかになっていくなぁと感じたことがあります。

◆ 語彙の発達は十人十色

　多くの言語圏で、子どもたちの初期の語彙には、モノの名前をはじ
めとする名詞が他の種類の単語よりも多く含まれると紹介しました。
こうした一般的な発達の傾向が見られる一方で、語彙の発達には大き
な個人差があることもよく知られています。たとえば、車の名前や食
べ物の名前など、子どもたちは自分にとって興味のある事柄に関する
単語だと、そうでない単語よりも容易におぼえるという報告がありま
す（Ackermann et al., 2020）。また、18ヶ月ごろの子どもたちの場合、
自分で指差した特定のモノに対して他者からそれに対応する単語を教
えてもらうと、その単語をおぼえやすかったという知見もあります
（Lucca & Wilbourn, 2018）。個人の特性や好みのちがいが、習得する語
彙にも影響するのですね。

　ちなみに、指差しの理解や表出は、子どもが実際に話し始めるより
も先に生じ、のちの語彙発達に重要な役割を果たすことが数多くの研
究で示唆されています。特に、単に「ちょうだい」と要求を示すよう
な指差しよりも、「あれを見て！」「あれはなぁに？」と言っているか
のような、他者とモノや出来事を共有する目的で発せられる指差しが、
その後のことばの発達の土台になると考えられています（Colonnesi et
al., 2010）。

　語彙の発達の個人差は、その習得スピードにも見られます。一般的
に、子どもは生後12ヶ月前後から少しずつ単語を言えるようになって

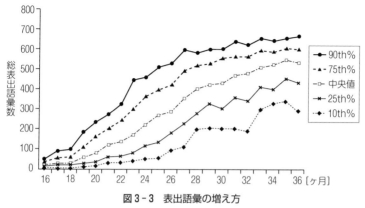

図3-3　表出語彙の増え方

小椋ら（2016）をもとに作成。

いきますが、日本語の場合だと2歳までに500語くらい話せるように
なる特急タイプの子どももいれば、反対に2歳までに50語程度と、
ちょっとずつ語彙を増やしていく各駅停車タイプの子どももいます
（小椋ら，2016）（**図3-3**）。

　語彙の発達は、さまざまな問題を含んだ暗号解読の過程です。その
やり方やスピードには、多くの子どもに共通する部分と、個人個人で
異なる部分との両方が混在しています。しかも、なかには「そんな無
茶な……！」という無理難題も含まれています。多くの子どもたちが
スルスルとことばの発達を遂げていくように見えてしまうかもしれま
せんが、そこにはいくつものハードルがあるのです。ただでさえ大変
な営みなのですから、ことばをおぼえる過程が、子どもたちにとって
少しでも楽しい時間だったらいいなと思います。

学術的知見ピックアップ

案内ボード

● 子どもは、「ある音の後にどの音が続きやすいか」といった情報を
手がかりにして単語のまとまりや境目を見つけている

● 単語のまとまりや境目を見つける力は、いくつかのステップを踏み
ながら徐々に発達する

● 音同士の続きやすさや共起しやすさといった統計的な情報は、語彙
や文法の習得にも活用される

◆ 単語の切り出し──この組み合わせはよくある？　それとも珍しい？

いきなりですが問題です。みなさんは、以下の文章を読み上げるこ
とができますか？

acchiniwanwangairuyokawaiinechottominiittemiyouka

時間をかければ読めなくもないけど、ちょっと難しいと感じた方も
多いのではないでしょうか。わからないうちはまるで暗号のように
思ったかもしれません。では、以下の場合はどうでしょうか？

acchi ni wanwan ga iru yo

kawaii ne

chotto mini itte miyou ka

今度はずいぶんと読みやすくなったのではないでしょうか。単語の
境目がどこにあるかが明確になるだけで、文章の読みやすさは大きく
変化します（こうやって単語の境目を明示する表記の仕方を「わかち書き」

図3-4　赤ちゃんは統計的な情報から単語の境目を推理する

と呼びます）。ところが、実際の会話においては、単語の境目は必ずしも明らかではありません。むしろ、その言語に馴染みがなければ、どこで単語が切れたのか全然わからないという場合もあるでしょう。私も、英語圏の国に出張で訪れた際に、「デロバス」と早口で言われて頭のなかが「？」で埋め尽くされたことがあります。何回繰り返してもらっても全然聞き取れなかったのですが、書き出してもらうと"date of birth"（生年月日）だとわかって、「1つの単語じゃなくて3つの単語がつながっていたのか！」と驚きました。

　このように、発話される音のつながりから単語のまとまりや単語の境目を見つけ出すことは容易ではありません。それにもかかわらず、赤ちゃんはこの「離れわざ」を、文字が読めるようになるよりもずっと前から、さらには単語をほとんど知らないときからやってのけているのです。いったいどうやっているのでしょう？

　赤ちゃんが活用している手がかりのひとつは、「ある音の後にどのような音が続きやすいか」という統計的な情報だといわれています。たとえば、「ネコ」という単語は、"ne"という音の後に必ず"ko"の音が続きます。けれども、その後にどの音が続くかは、そのときの文

によってさまざまで、「ネコが……」だったり、「ネコを……」だったり、「ネコちゃん……」だったりします。驚くべきことに、赤ちゃんは生後8ヶ月ごろには、こうした音のつながりやすさの情報を手がかりにして、一連の発話から単語のまとまりや境目をある程度切り出せるということが明らかになっています（Saffran et al., 1996）（**図3-4**）。

どうやって調べたの？——研究の舞台裏2

　「赤ちゃんは統計的な情報を使って単語の切り出しをしている」という知見は、いったいどのようにして得られたのでしょうか？　Saffran et al.（1996）で用いられた方法を簡単に紹介したいと思います。

　この研究では、まず、人工的に作られた「単語らしき音」の系列を赤ちゃんに聞いてもらいます。たとえば、以下のような感じです。

　　bi-da-ku-pa-do-ti-go-la-bu-bi-da-ku-tu-pi-ro-bi-da-ku-......

　ほかの要因、たとえば韻律の情報が結果に影響しないように、この音の系列は抑揚をつけずモノトーンに、同じペースで発話されます。ここで、"bidaku" はひとつの単語音だとしましょう。このとき、"bi" の後に "da"、"da" の後に "ku" が続く確率は高く設定されていますが（＝よくある現象）、単語の切れ目になる箇所、つまり "ku" の後にどの音が続くかや、"bi" の前にどの音がくるかといった確率は低く設定されています（＝珍しい現象）。

　このような状況で音の系列を2分間赤ちゃんに聞いてもらったあとに、今度は新しい音の系列を聞いてもらいます。ここでは、2つの条件を設けます。ひとつは、さっき聞いた単語音がそのまま繰り返されるという「馴染みあり」条件です（例："bi-da-ku-bi-da-ku-......"）。もうひとつは、最初に聞いた音の系列に含まれてはいたけれども、音の順番が変わっているという「馴染みなし」条件です（例："da-bi-ku-da-bi-ku-......"）。それぞれの条件で、音の系列を繰り返し聞いてもらい、赤

ちゃんが飽きてしまうまでの時間を計測します（具体的には、点灯して
いるライトを赤ちゃんが見ている間にだけ音を流すようにして、赤ちゃ
んがライトの方を一定秒数以上見なくなったら「飽きた」と判断しま
す）。赤ちゃんが、もし最初に聞いた単語音の系列を習得していれば、
馴染みあり条件のときには「あぁ、さっきと同じやつね」と気づいて早
く飽きてしまうと予測されます。一方で、馴染みなし条件では、「あれ、
これはさっきと違うぞ!?」と思って、飽きずに長く注意を向け続けると
予測されます。これらとは反対に、赤ちゃんが最初の単語音の系列をう
まく習得できていなければ、どちらの条件においても、飽きるまでの時
間は同じくらいになると予測されます。

　この研究の結果、8ヶ月の赤ちゃんの場合、馴染みあり条件の方が、
馴染みなし条件よりも早く飽きてしまうことが明らかになりました。つ
まり、"bi-da-ku" のような単語音のつながりをちゃんとおぼえていて、
「ある音の後にどの音が続くか」という統計的な情報を頭のなかに蓄積
していたことが示唆されたのです。

　ただし、このあとすぐ述べるように、こうした統計的な情報の活用は
8ヶ月ごろにはまだ不安定であることが、その後の研究でわかってきま
した。加えて、課題の成績は、人工音を使うか自然な発話を使うかと
いった刺激の要因によっても左右されることが指摘されています
（Black & Bergmann, 2017）。このように、単一の研究だけで発達のす
べてがわかるわけではありません。発達研究者は、いろいろな知見を組
み合わせながら、子どものなかでどのようなことが起こっているのかと
いう疑問に日夜向き合っているのです。

3

　ただし、統計的情報を手がかりにした単語の切り出しは、ある日い
きなりできるようになるわけではありません。そもそも、"ne" の後
に "ko" の音が続いたな……というように統計的な情報を蓄積するた
めには、いろいろな場面で発話された "ne" なり "ko" なりの音を「同
じ種類の音」としてまとめる必要があります。お父さんが発話した

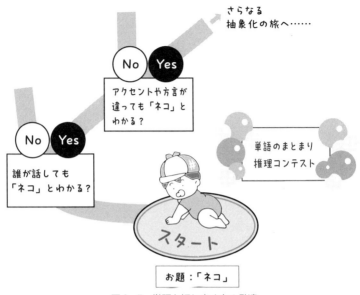

図3-5　単語を切り出す力の発達

「ネコ」も、保育園の先生が発話した「ネコ」も、あるいはテレビから聞こえてきた関西弁の「ネコ」も、どれも同じ「ネコ」という音を表しているのだと理解しなければならないのです。けれども、7〜9ヶ月ごろの赤ちゃんにとっては、このように音の種類を抽象化してとらえることはまだ難しいようで、単語をうまく切り出せるかどうかは、「誰が話したか」や（Houston & Jusczyk, 2000）、「どのようなアクセントや方言で話したか」といった情報（Schmale & Seidl, 2009）の影響を受けてしまいます。誰が話しても、どんなアクセントや方言だったとしても、「ネコ」は「ネコ」だ、というように音を抽象的にとらえながら単語のまとまりを切り出せるようになるのは、生後10〜13ヶ月ごろだとされています。単語のまとまりを切り出す力は、いくつかのステップを踏みながら徐々に発達するのです（**図3-5**）。

　赤ちゃんは、このほかにも、発話のイントネーションやリズム、強

弱といった韻律の手がかりも駆使しながら、単語のまとまりや単語の境目を見つけ出しています（Christophe et al., 2003）。たとえば、「ワンワン　だね」と発話されることはあっても、「ワンワ　ンだね」と発話されることはほぼないでしょう。このような音の切れ目も、単語のまとまりを見つける情報源になるのです。

◆ 統計的な情報はことばの発達に広く利用される

　ちなみに、「どの音の次にどの音がくるか」「どの音とどの音が共起しやすいか」といった統計的な情報は、語彙や文法の発達にも活用されます。なかでもよく調べられているのは、語彙の発達に関するものです。ある単語を知るためには、少なくともその単語を構成する「音」と、単語が指示する「対象」とを結びつける必要があります。たとえば、「ブーブー」という単語音には、タイヤがついた箱型の機械らしきもの（つまり車）が関係するのだということを突き止めなければなりません。このような状況では、ある音と指示対象がどのくらい共起するかという統計的な情報が役に立つ場合があります（**図3−6**）。つまり、ある特定の単語音が聞こえてきたときに、よく一緒に現れるモノが何かという手がかりを使って、子どもは単語の意味を推理しているのです（Smith & Yu, 2008）。

　同じように、文法の発達においても、共起関係の統計的な情報が役に立つことがあります。たとえば、日本語の場合は「ムタがいるね」と聞けば「ムタ」はたぶん生き物かなと思うでしょうし、「ムタがあるね」と聞けば「ムタ」は生き物ではないなと予想するのではないでしょうか。「いる」「ある」といった特定の単語と共起しやすい単語の傾向を知っていると、このように初めて触れる単語であってもその意味をなんとなく推論できることがあります。20ヶ月ごろの子どもは、こうした生物／非生物の違いを示す目印を使って、新しい単語の意味を推論できることが報告されています（Barbir et al., 2023）。

図3-6　どのくらい共起するかを手がかりに単語を習得

　さまざまな手がかりを活用しながらことばを習得していく子どもたちは、さながら名探偵ですね！

4 文 法
──単語のブロックを組み合わせる

案内ボード

- 子どもたちは、さまざまな誤りを伴いながら少しずつ文法に沿った文の理解・表出ができるようになる
- 文法の誤りはでたらめに生じるのではなく、過去の表現を参考にしたり、自分なりにルールを見出したりするなかで生じる
- 文法的な誤りが見られることは、子どもが試行錯誤していることの証拠でもある

◆ 目立たないけれど重要な助詞の役割

　本書を読んでいるみなさんの多くは、おそらく日本語に長く慣れ親しんでいる方々だと思います。そんなみなさんでも、「てにをは」って厄介だなぁと感じることはありませんか？　「あれ、ここって『が』と『を』どっちだったっけ？」というように、書類やメールを書きながらふと手が止まってしまったり、会話のなかで助詞をつい間違えてしまってもそのまま押し通してしまったり。そういう経験をした方もいらっしゃるでしょう。

　これらの助詞は、文字にすればほんの一文字しかありません。それにもかかわらず、たとえば以下の文のように、助詞がちょっと変わっただけで意味がガラッと変わってしまうこともよく起こります（**図4-1**）。

図4-1　助詞「が」「を」の違いで意味が反対になる例

- パトカー**が**トラック**を**追いかけているよ
- パトカー**を**トラック**が**追いかけているよ

　日本語の場合、単語がどのような助詞にくっつくかということが、その単語の文中での役割（「する」側なのか、「される」側なのかなど）を決める重要な要素になります。さらに、こうした助詞の理解は、知らない単語の意味を推論するときにも役に立ちます。「ワンワン**が**ニャンニャン**を**チモっているよ」と言われたとき、「チモる」という動詞が具体的にどういう意味かはわからなくても、たぶんイヌがネコに何かしらはたらきかけているんだろうといったことは想像できると思います（「チモる」は実在しない動詞なのですが、ことばの発達研究では、このような新奇の単語を使って調査することがよくあります）。一方で、「ワンワン**と**ニャンニャン**が**チモっているよ」だったら、どちらかがどちらかにはたらきかけているというよりも、イヌとネコがそれぞれ同じようなことをしているんじゃないかと考えるのではないでしょうか。実際に、2歳ごろの子どもたちは、このような助詞の手がかりから、初めて聞いた動詞の意味をある程度絞り込むという報告があります（Matsuo et al., 2012）。このように、文法的な手がかりから単語の意味を推論する力は統語的ブートストラッピングと呼ばれていて、語彙と文法の発達を架橋する重要なトピックとして広く研究されています（Cao & Lewis, 2021；Gleitman, 1990）。

　ちなみに、英語には日本語でいうところの助詞のような品詞はありません。強いていうなら in や to、at のような前置詞が似たような役割を果たしますが、主語をあらわす「が」や目的語をあらわす「を」

に対応するような目印は英語にはなく、むしろ語順や、動詞の後にいくつの名詞句が続くかといった情報が重要になります。

　日本語の場合、「が」や「を」といった助詞によって文の意味が決まるので、はっきりと助詞が発話されさえすれば、語順はどちらでも意味は同じになります。でも、幼児期にはまだこのように文法に則って文を正確に理解することは難しいとも指摘されていて、単語同士の意味的な関係性や、語順にもとづく思い込みで文の意味を判断してしまうことも多々あります（Hayashibe, 1975；大伴ら，2019）。たとえば、ボールと人形を子どもの目の前に置いて、「お人形さん**を**ポーンしてごらん」と伝えたところ、20ヶ月ごろまでは〈人形を投げる〉ではなく〈ボールを投げる〉だと勘違いしてしまう子どもが多かったと報告されています（瓜生，1992）。また、「パトカー**は**トラック**に**追いかけられた」のような受け身文の理解は4歳ごろからできるようになると報告されていますが（大伴ら，2019）、幼児期には「は」と「に」の関係性を反対だと勘違いして、同じ文を〈パトカー**に**トラック**は**追いかけられた〉のように理解してしまうことも多く、小学校就学前後くらいになってようやくそのような勘違いをしなくなるという知見もあります（中川ら，2005）。

◆ 子どもの発話は模造品ではなく発明品!?

　では、表出の側面に注目してみると、文法の発達はどのように進むのでしょうか？　生後20〜24ヶ月ごろになると、それまでの一語発話とは異なり、子どもたちは「パパ　ダッコ」「バス　キタ」などの二語発話をするようになっていきます（小椋ら，2016）。そのうえで、子どもが助詞を話し始めるのは2歳前後だと報告されていて、特に所有をあらわす「の」（例：「○○ちゃんの！」）や、共感をあらわす「ね」（例：「ボールだね」）といった助詞の使用が早期に見られやすいことが知られています（小椋，2017）。

　助詞をうまく使えるようになることで、「誰が」「何を」「どうした」などの情報がいっそう明確になり、細やかな言語表現ができるようになります。たとえば、「けんちゃん　たろうくん　笑った」だと、「けんちゃん**と**たろうくん**が**笑った」なのか「けんちゃん**が**たろうくん**を**笑った」なのかいまいち判然としませんが、助詞が発話に加わると、文中の単語同士の関係性はとてもわかりやすくなります。さらに、相手との関係性に応じて表現を使い分ける丁寧語の表出は、3歳以降に習得されるとされています（小椋ら，2016）。

　さて、こうした助詞の習得過程ですが、実はなかなか一筋縄ではいかないことも知られています。特に、幼児期にはいろいろな助詞の誤用が生じやすく、子どもたちは間違った使い方をしながら、少しずつ適切な用法を身につけていくと報告されています。たとえば、2〜3歳ごろには、次のような誤用が見られます（横山，2008）。

- シンカンセン**ガ**　ノリタイ（ニ→ガの誤用）
- コレ**ハ**　ツケテ（ヲ→ハの誤用）
- マルイ**ノ**　ウンチ（ノの不必要な付加）

「ただ単に間違えて使っているだけでしょ」と思われたかもしれませんが、このような助詞の誤用例には、ことばの発達を考えるうえで重要な2つのメッセージが隠されています。

　ひとつめは、子どもはどうやらでたらめに間違いをおかしているわけではないということです。どの助詞を使うかをやみくもに決めているわけではなく、たとえば過去に使ったことのある表現を別の単語に置き換えて使ってみる、といった子どもなりの試行錯誤が見られます。以下に挙げる例は、「名詞＋が」を主語として表現することを身につけた子どもが、その組み合わせを目的語の場合にも当てはめてしまったというものです（横山，2008）。

- ショーボーシャ**ガ**　イッタ（消防車が行った）
  ショーボーシャ**ガ**　ミタ（消防車を見た）
- ウンコ**ガ**　ナイヨ（ウンコがないよ）
  ウンコ**ガ**　フイテ（ウンコを拭いて）

　このような例から、少なくとも名詞に「が」を組み合わせることによって、名詞だけを単独で使う場合とは異なる表現が可能になる、ということに子どもが気づいている様子がうかがえます。どんな助詞がどんなときに主語や目的語の目印として使われるのかについての細かな理解は、こうした試行錯誤の先に育まれるものなのかもしれません。

　助詞の誤用が私たちに教えてくれるもうひとつのメッセージは、子どもたちは単に大人の発話の受け売りとしてことばを発しているのではなく、自分で文法のルールを探ったり実験したりしながら主体的にことばを学んでいるということです。おそらく、先ほど提示したような助詞の誤用例、たとえば「ウンコ**ガ**　フイテ」といった間違いの仕方を、日本語を母語とする大人はほとんどしないのではないかと思います（もう少し込み入った誤用ならしてしまうかもしれませんが）。もしそうだとしたら、結果的に誤った使い方になったとしても、子どもたちは今まで見聞きしたことのない表現を自分なりに編み出して発話したことになります。

　たしかに、最初のころには大人の発話の単なるマネとして発話される場合もあるでしょう。けれども、子どもはしだいにそこから何かしらの「ルール」を発見して、新しい表現にそのルールを当てはめてみるといった試みをしているのだと思われます。つまり、「間違った使い方をしている」ということは、子どもなりに試行錯誤していることの証拠でもあるのです。

　こうした子どもなりの試行錯誤は、助詞の習得以外にもさまざまな場面で見られます。たとえば、動詞の語尾活用もそのひとつです。ある5歳の子どもとその母親との会話を見てみましょう（広瀬, 2017, p.34)。

図4-2　動詞「死ぬ」をマ行の音で活用した例
広瀬（2017）をもとに作成。

　母：お手々洗わないでゴハン食べたらバイキンも一緒にお腹に入る
　　　よ。
　子：……じゃ、これ食べたら死**む**？
　母：いや、死んじゃったりしないよ、大丈夫。
　子：ホント？　死**ま**ない？　死**ま**ない？（涙目）

　このお子さんは、「死ぬ」という動詞に、マ行の活用の仕方を当てはめてしまったようです。マ行の音で活用する動詞には「飲む」「読む」「はさむ」などたくさんあり、日常で耳にする機会も多い一方で、ナ行で活用する動詞は非常に珍しいことが指摘されています（広瀬，2017）。そのため、このお子さんは、過去に見聞きしたマ行での活用を応用して、同じルールを「死ぬ」にも当てはめてしまったのだと解釈できます（**図4-2**）。
　似たような例は英語の動詞の使い方などでも報告されています。たとえば、"come" "go" "make" といった動詞の過去形は正しくは "came" "went" "made" ですが、子どもはある時期に「過去形には -ed をつける」というルールをこれらの動詞にも当てはめて "comed" "goed" "maked" のように表現してしまうことがあります（Cazden, 1968）。さらに興味深いのは、最初は正しく "came" と使えていたのに、

ある時期に "comed" と言うようになってしまったという報告です。最初は過去形かどうかにかかわらず大人のマネをして "came" と発話していたけれども、あるときに「動詞＋ed」ルールを発見した子どもは、そのルールを積極的にいろいろな動詞に当てはめようとする場合があるのかもしれません。

◆ 古くて新しい「育児日誌」的研究

このような子どもの発話をつぶさに観察する研究は、伝統的には研究者による日誌的な記録によってなされてきました。研究者にもよりますが、自分の子どもを対象に、数年にわたって経時的に記録をつけていくものが多いと思われます。このような日誌的記録による観察研究は、言語発達の分野に限らず、発達心理学の研究ではかなり古くから使われてきた手法です。「発達研究者たるもの、我が子が生まれたら観察せずにはいられない……！」という、職業病の一種といえるかもしれません（笑）。

また、1980年代には、子どもや養育者の発話記録を文字起こしして解析できるようにしたデータベース CHILDES が開発・公開されました（CHILDES, n.d.）。このデータベースには、日本語や英語だけでなく、いろいろな言語の自然場面での発話データが収められていて、世界中の研究者によって活用されています。

さらに近年では、子どもに安全に装着してもらうことができ、また、より長時間の発話データを録音できるような機器の開発も進められています。加えて、発話データだけでなく、子どもがどこにいるかとか、どんな景色を見ているかといった画像・動画データを含めた「壮大なホームビデオ」研究も、アメリカを中心に盛んになってきています。特に、子ども自身に小型カメラを装着してもらって、大人の発話を聞いたり子どもがことばを発したりしているときに、子どもが何を見ているかを調べる研究が増えています（**図 4 - 3**（69ページからの「学術的

図4-3　子どもの「一人称」視点での見え方を探る言語発達研究

Sullivan et al.（2021）をもとに作成。

知見ピックアップ」も参照してください！））。

テクノロジーの発展に伴って、子どもの「生の体験」をなるべくそのままデータ化して分析していこうという態度は、言語発達研究の古くて新しいトレンドといえるかもしれません。自然場面での研究と、研究室のなかでお子さんに特定の課題に取り組んでもらう研究とを突き合わせていくことで、ことばの発達をより深く理解できるのではないかと多くの研究者が期待を寄せています。

子どもたちの文の理解や発話をつぶさに観察していくと、子どもたちは周囲から受け取ることばを素材として、自分のなかで言語を再発明しているのかもしれない、という気さえしてきます。子どもの「文法の間違い」にもし出会う機会があったら、「違うでしょ！」と反射的に反応してしまう前に、「どんなルールを見つけたのかな？」「見つけたルールをどんなふうに応用しているのかな？」などと想像してみると、子どもとのやりとりがいっそうおもしろく感じられるかもしれません。

学術的知見ピックアップ

案内ボード

- 行為語の習得には、出来事のどの範囲や部分に注目すればよいかを見極めることが必要となる
- 行為語の習得を助ける手がかりには、文法やジェスチャーなどがある
- 既に知っている知識を積み上げながら、子どもは新しい単語の意味を理解していく

◆ 行為語の理解は大変！──変わってもよいところといけないところ

　野球選手が、転がってきたボールを取って投げる場面を想像してみてください。その様子をパラパラ漫画のようにして並べてみたのが**図4-4**です。さて、ここで問題です。「取る」や「投げる」という行為は、どのコマからどのコマまでを指すでしょうか？

　投げる、蹴る、食べる、着る──こうした行為は、時間に沿って刻一刻と継ぎ目なく流れていく現象です。そのため、「ここからここまで」と明確な境界を決めるのは容易ではありません。行為語（主には動詞）の指示対象とは、このような時間に対する曖昧性をもっています。また、車やコップなどのモノであれば指を差して「これ！」と言えますが、行為の場合は、「これ！」と言って指差したときにはもうその行為は終わってしまっていることもあります。さらに、「投げる」という行為語において、「誰が」投げるかとか、「何を」投げるかといった部分は変わってもよい部分です。ボールであろうとリンゴであろうと、腕を使って対象物を空間に放れば、それは「投げる」と表現することができます。一方で、同じボールを使っていても、ボールを空間に放り出すのと、床面に沿ってボールを手放すのとでは、「投げる」「転がす」のように異なる言語表現になってしまいます。このように、行為語を適切に理解するためには、少なくとも、①行為の区切り目を見つける、②刻一刻と流れていく行為を頭のなかに留めておく、③行為語の指示対象として変わってもよい部分といけない部分とを区別する、といったハードルをクリアすることが求められます（今井・針生，2014）。ざっくりとまとめてしまえば、出来事のどの範囲や部分に注目すればよいかを見極める必要があるということになるでしょうか。

　このように、行為語の習得には、モノ語（主には名詞）の習得とは異なる難しさがあると一般的には考えられています。このような難し

図4-4　どこからどこまでが「投げる」?

さを乗り越えるために、子どもたちはどのような手がかりを活用しているのでしょうか。ここでは2つほど紹介したいと思います。

◆ 文法的手がかりの活用

　ひとつめは、文法的な手がかりの活用です。たとえば、「ウサギがアヒルをネケっているよ」という文を聞いたとしましょう。先に紹介したように、2歳ごろの子どもたちは、助詞「を」を伴う動詞は、〈一方が他方にはたらきかけている〉状況を指すのだと判断できることが示されています（Matsuo et al., 2012）。つまり、**図4-5**のような状況であれば、AよりもBの方が「ネケる」に対応しているんじゃないかなと考えるのだそうです。同様に、英語圏の子どもたちも、2歳ごろには "Jane blicked the dog." と "Jane blicked." という文の違いを理解して、文が目的語（この場合は the dog）をとるときには、"blick" という動詞は〈それぞれが動いている〉のではなくて、〈一方が他方にはたらきかけている〉状況を意味するのだと推論することができます（Yuan & Fisher, 2009）。

　新しい単語の意味を推論するときには、文法的手がかりのように、ことばについて「既に知っている知識」が役に立ちます。助詞「を」や目的語といった文の構成要素があるかどうかで行為語の意味が異なるという知識を、子どもたちは2歳ごろまでに既に学んでいて、その知識を活用することで、新しく聞いた行為語の意味を推理しているの

図4-5 〈それぞれが動いている〉出来事と
〈一方が他方にはたらきかけている〉出来事

です。ほかにも、既に知っている行為語の情報を手がかりにして、新しい単語の意味を推論する例もあります。たとえば、「エンエン」「泣く」といった行為語は、比較的早期に習得されやすい行為語のひとつですが、「トマが泣いているよ」と聞くと、1歳半過ぎの子どもは「トマ」は道具のような〈人工物〉ではなく、〈生き物〉の名前だろうというように推論することができます（Ferguson et al., 2014）。このように、子どもたちは知っている情報を少しずつ積み上げ、紡いでいきながら、難しい単語の意味も徐々に理解できるようになっていくのです。

◆ ジェスチャーの活用

　行為語の意味をとらえる別の手がかりとして、ジェスチャーの活用も紹介しておきましょう。ジェスチャーにもいろんな種類がありますが、なかでも行為の特徴をとらえて描写したもの、たとえば**図4-6**のように瓶の蓋を開ける行為をマネしてクルクルと手首や手指を捻ったり、ゾウの歩き方を表現するために両手をノッシノッシとゆっくり大きく上下に動かしたりするようなジェスチャーは、行為語の習得を助けることが知られています（Aussems & Kita, 2021）。

　さらに興味深いことに、実際にモノにはたらきかけながら行為語を

クルクル

瓶の蓋を開ける

ノッシノッシ

ノッシノッシと歩く

図4-6　行為を描写するジェスチャー

教えるときよりも、モノのすぐそばでジェスチャーをしながら行為語を教えるときの方が、子どもたちは行為語の意味を適切に理解しやすいという報告があります（Wakefield et al., 2018）。たとえば、瓶の蓋を開ける行為を「チモる」と表現すると仮定してみましょう。このとき、実際に瓶の蓋を開けながら子どもに「これはチモるっていうんだよ」と教えると、幼児期の子どもたちは〈蓋を開ける〉という行為だけでなく、〈瓶〉そのものも「チモる」という単語の意味に関係するのだと考えてしまう場合があるようです。一方で、瓶には直接触れずに、瓶の蓋のすぐ上で手首を捻るジェスチャーだけをやってみせながら「これはチモるっていうんだよ」というように伝えると、行為の対象になっているモノに惑わされることなく、〈蓋を開ける〉という行為だけを「チモる」の意味として理解するようになります。このように、行為を描写するジェスチャーには、行為に関連するモノよりも、行為そのものへの注意を高める効果があるのかもしれません。

どうやって調べたの？――研究の舞台裏3

　「単語の意味を理解している」というのは、いったいどういう状態のことを指すのでしょうか？　モノ語や行為語といった語彙の理解に関する研究では、おおまかに以下の2つの条件が重要視されます。

・**条件①**　単語そのものと、その単語が指示する対象とのつながりが
　形成されたかどうか（例：「ワンワン」という単語が目の前の〈プードル〉
　と結びつく）
・**条件②**　新しく知った単語を、その単語を学んだときとは異なる対
　象に対しても当てはめることができるかどうか（例：「ワンワン」を
　〈プードル〉だけでなく、〈チワワ〉や〈ダックスフント〉にも適用できる）

　Wakefield et al.（2018）は、これら 2 つの条件の両方を調べられる
ように工夫しながら、行為語の意味理解の課題をつくっています。この
研究では、①から②にかけて、徐々に難しくなるように 3 つの難易度を
設定して、子どもが新しい単語をどのように理解したかを調べました。
わかりやすいように、実際に研究で使われたモノや行為ではなく、上述
した「チモる」＝〈瓶の蓋を開ける〉という例に沿って説明します（**図
4-7**）。

　まず、子どもたちは、瓶の蓋を開ける行為やジェスチャーを見たり自
分でもやったりしながら、「チモる」という単語を教わります。その後
に、左右に対提示された 2 つの異なるビデオを見ながら「チモっている
方を指差してごらん」と伝えられます。レベル 1 では、〈瓶の蓋を開け
る〉ビデオと〈シャンプーボトルを押す〉ビデオの 2 つを見比べること
になります。このうち前者には、最初に「チモる」を教わったときと同
じ行為・モノが出てくるので、教わった単語とそのときに見た対象との
結びつきがあれば、正解できると考えられます（条件①）。

　次に、レベル 2 では、〈シャンプーボトルの蓋を開ける〉ビデオと
〈スポンジを押す〉ビデオを提示します。どちらのビデオにも瓶は出て
こないので、最初に「チモる」を教わったときの状況とは異なります。
つまり、新しい場面に単語を適用しなければなりません（条件②）。た
だ、〈蓋を開ける〉という行為自体は 2 つのビデオの片方にしかないの
で、もし行為の特徴を子どもが多少なりともとらえていれば、恐らく正
解できるでしょう。

　さて、難しいのはレベル 3 です。このレベルでは、〈シャンプーボト
ルの蓋を開ける〉ビデオと〈瓶を押す〉ビデオが並置されます。ここで

4

図4-7　難易度の異なる「チモっているのはどっち?」課題

難しいのは、〈蓋を開ける〉という行為と、その対象物であった〈瓶〉
というモノとが、それぞれに分かれて登場することです。このレベルで
正解するためには、単語を教わったときに見ていた〈瓶〉は行為語「チ
モる」の意味とは関係がなく、モノよりも行為の方が重要な情報だとい
うことを理解する必要があります。そのため、同じ条件②について調べ

ていても、レベル2よりも難易度が高くなるのです。

　なお、実際の研究は、単語も行為もモノも、実在しないものを考案したうえで使っています。こうした課題を考える作業も、発達研究者にとっての醍醐味のひとつだといえるかもしれません。

　ここで紹介した文法的手がかりやジェスチャー以外にも、行為語の習得を助ける手がかりにはいろいろな種類があります。お子さんによって、あるいはお子さんの発達の時期に応じて、どんな手がかりがより効果を発揮するかは変化していくことでしょう。自分が既に知っている知識や、活用できる手がかりを駆使しながら、子どもたちは果敢にことばの世界に飛び込んでいるのです！

4

5 やりとり
——他者との駆け引きがことばを育む？

案内ボード

● 文脈や状況に応じた、実際の場面でのことばの使用に注目するアプローチを語用論という

● 発声・発話を介した他者とのやりとりのなかで、子どもたちは「いつ」「どんな情報を」「どのように」渡せばよいかを学んでいく

● 他者の意図理解は乳児期から始まっており、幼児期には他者の隠れた意図を推論したり、情報の信頼度を見極めたりできるようになる

◆ あなたはカレーライス？

「私はカレーライスです」

　この発話、単体で聞くと「どういうこと？」と思われるかもしれません。でも、友達同士でランチに来ていて、注文をとりにきた店員さんに対する発話だとしたら、「『私はカレーライスを注文します』という意味かな？」というように、発話の意味がくっきりと見えてくるのではないでしょうか。

　別の例を挙げてみましょう。「ここ、暑いね」という相手の発話に応答するとき、大きなコンサートホールにやってきた場面であれば「そうだね」と相づちをうてばよいかもしれません。でも、もしこれ

図5-1　タイミングのよい声のかけあいはことばを話す前から発達する

が真夏日に気心の知れた友達を自宅に招いた場面で、友達が汗をかき
ながら発話したのであれば、単に相づちをうつのではなくて「冷房を
つけようか？」と応答する方がより適切かもしれません。

　このように、文脈や状況に応じた、実際の場面でのことばの使用を
探究する学問分野を、一般に「語用論」と呼びます。本章では、この
語用論のスコープから、乳幼児期のことばの発達を見ていきます。よ
り平たく「やりとり」のスコープといってもよいかもしれません。

　他者とやりとりをすることの最もシンプルなかたちは、キャッチ
ボールのように、他者と交互にことばのボールを渡し合う、というこ
とかもしれません。このような発話の渡し合い、つまりターン・テイ
キングの芽生えは、まだことばを話さない生後2ヶ月ごろの赤ちゃん
にも既に見られます（Gratier et al., 2015）。この時期のかけあいのペー
スは比較的速く、ポンポンとタイミングよく声のやりとりが起こりま
す。会話のなかでタイミングを見計らってやりとりする力の土台は、
かなり早い段階から発達しているようです（**図5-1**）。

　一方で、生後9ヶ月くらいになってくると、かけあいのペースは
徐々にゆっくりになることも知られています（Hilbrink et al., 2015）。は
じめのうちはタイミングさえ合わせていればよかったけれども、こと
ばがわかってくるにつれて、「いつ」返すかだけでなく、質問に対し
て返答するなど、「何を」返すかといったことも同時に考える必要が
出てくるために、やりとりにかかる時間が長くなってしまうのかもし

5

> K児：Kちゃんな，きょうプールはいってん
> 　　　（はいったの）。
> 母　：ふーん，そうか。
> K児：お水パシャッてなって，こわかってん
> 　　　（こわかったの）。
> 母　：あーこわかったんや。
>
> （しばし沈黙）
>
> K児：Kちゃんな，きょうプールはいってん。
> 母　：ふんふん。
> K児：お水パシャッてなって，こわかってん。
> 母　：そうか，こわかったの。
>
> （以下同じやりとりが10分間に4度続く）

図5-2　ある2歳児とお母さんの会話

高橋（2017, p. 118）をもとに作成。

れません（Casillas et al., 2016）。

　ターン・テイキングに代表されるように、タイミングよく他者とやりとりすることは、ことばの発達全般において非常に重要な役割を果たすと考えられています。実際に、ターン・テイキングをより多く繰り返す赤ちゃんは語彙数も増えやすいこと、また、語彙数が増えるほど、ターン・テイキングもより長く続くようになることが報告されています（Donnelly & Kidd, 2021）。さらに、大人の側が子どものタイミングに合わせることも重要で、大人が子どもの発声や行動に合わせてタイミングよくことばを返すことが、音韻や語彙の発達を促すことが報告されています（Goldstein & Schwade, 2008；Tamis-LeMonda et al., 2001）。ことばの発達は、子どもと大人とがやりとりのなかで共同して成し遂げていくものなのですね。

　ことばの発達が進むにつれて、やりとりはいっそう複雑になってい

きます。音のやりとりが、質問—応答といった言語的内容を含むやりとりになり、さらには「今日保育園であったこと」を大人に伝えるなど、自分の体験を語ることもできるようになっていきます（高橋，2017）（**図5-2**）。子どもが過去の体験について語り始めるのは2歳ごろだと報告されていますが（Fivush et al., 1987）、ここでも大人からの支えが重要な役割を果たすようです。子どもの発達の程度に応じて、養育者は「動物園楽しかったね」といったイエスかノーで答えられるような質問の仕方から、徐々に「動物園どうだった？」など、子どもが自分のことばで返答することを促すような質問の仕方へとやりとりの仕方を変化させていくことが指摘されています（Fivush et al., 2006）。ほかにも、「ふんふん」といった相づちや、「ご飯のとき？　お絵描きのとき？」といった情報を整理するための声かけ、「楽しかった？」といった体験の意味づけを促すような声かけなどに支えられるなかで、子どもたちは自分の体験をより細やかに語ることができるようになっていきます。

◆ 発話の内外に散らばる「他者を知るため」の手がかり

　ことばを介したやりとりでは、タイミングを見極めることや、自分の体験を語ることに加えて、他者の意図を理解することも重要です。他者の意図を理解するために役に立つ手がかりは、実は発話内容の外側にも散りばめられています。たとえば、視線や指差し、子どもに話しかけるときの独特な話し方（声が高くなったり、イントネーションが誇張されたりする「対乳児発話」）などの手がかりは、「これからあなたに大事な情報を伝えますよ」という意図を相手に届ける手段になります。このような意図は特に「伝達意図」と呼ばれていて、まだ単語や文の意味がわからない時期でも、赤ちゃんはかなり早い時期からこの伝達意図に気づくことができるとされています（松井，2018）。実際に、生後6ヶ月の赤ちゃんでも、相手の視線や声かけの仕方などから、「相

図5-3　発話に隠れた話者の意図を推測する

手が自分に何か伝えようとしている！」という意図に気づくことができると報告されています（Senju & Csibra, 2008）。赤ちゃんは、ことばを話せるようになるよりもずっと以前から、社会的手がかりにとても敏感なのです。

　では、冒頭で挙げたような、「ここ、暑いね」という発話のなかに「冷房をつけてほしい」という話者の意図を見出せるようになるのは、いったいいつごろなのでしょうか。文脈にもよりますが、子どもは3歳ごろになると、発話それ自体にはあらわれない話者の意図や態度を汲み取ることができるようになっていくようです。たとえば、テーブルの上にメロンとブドウが置いてあって、どちらかを相手に渡してあげる、というような状況があったとします。このとき、もし相手が「ナイフをもってないんだよね」と言ったら、どちらのフルーツを渡してあげたらよいでしょうか（**図5-3**）。

　発話自体にはあらわれていませんが、「ナイフがない」という発話には、「ナイフを使わなくても食べられるものがほしい」という意図が暗に含まれているように感じられます。つまり、ここではメロンよ

りもブドウを渡す方がより適切だろう、ということになります。こういう状況で、3歳児は実際に相手の意図を汲み取ってブドウを渡すことができるという報告があります（Schulze et al., 2013）。たしかに、3歳にもなれば子どもによっては本当によくおしゃべりしますが、それだけではなくて、相手への忖度（？）も既にできるようになっているとは……。驚きです。

さらに、相手の意図を理解するだけでなく、相手の情報がどのくらい信頼できるかを見極める力も、3歳ごろには発達し始めているようです（Matsui et al., 2016）。たとえば、「〜だよ」という文末表現と、「〜かな」という文末表現とでは、前者の方が内容に自信があり、一方で後者の方はあまり自信がないように感じられます。このように、日本語の助詞には、単語の文法的な役割を決めるものだけでなく、話し手の態度（この場合は自信の程度）を表現するものもあります。そして3歳ごろの子どもたちは、こうした手がかりをもとに、相手の情報の信頼度をある程度見積もることができます。

◆ 「適切」なやりとりって？

やりとりのなかで他者を理解したり、他者を理解しながらやりとりしたり……。ことばを使ったコミュニケーションというのは、とても複雑です。ターン・テイキングのように「いつ」情報を伝えるかに加えて、単語や文を理解・表出できるようになってくると、「どんな」情報を伝えるかも重要になってきます。そのうえさらに、相手に応じて「どのように」情報を伝えるかということまで考えながらやりとりするとなると、もう頭がパンクしそうです。でも、私たちはこれらを同時に処理しながら日々他者と関わっていますし、子どもたちも徐々にそういうことができるようになっていきます。

このなかでも特に、他者の視点を考慮しながら情報を伝える力は、時間をかけてゆっくりと発達するようです。たとえば、電話で話して

いる相手から「何して遊んでいるの？」と聞かれて、目の前の（相手からは見えない）お絵かきセットを指差して「これ！」と言ってしまうような姿は、3歳ごろであればまだまだ見られることでしょう（松井，2013）。やりとりしている相手から何が見えていて、何が見えていないか、といったことを考慮しながら情報を伝えられるようになるのは、5〜6歳ごろだと報告されています（Nadig & Sedivy, 2002）。さらに、質問に対して過不足のない情報とはどういうものかということへの理解も、同じく5歳ごろから深まっていくようです（Cameron & Lee, 1997；Okanda et al., 2015）。「お誕生日に何をもらったの？」という質問に対して、「自転車」「ぬいぐるみ」といった回答ではなく「プレゼント！」と返すのは、情報がちょっと足りない（何をもらったのかわからない）感じがします。このような、やりとりのなかでの適切な情報量を推し量る力は、4歳だとまだ十分ではなく、5歳ごろにできるようになると報告されています。

　考えてみれば、他者とのやりとりにおいて、「これが正解！」という確固たる基準はありません。ターン・テイキングも、相手からことばを受け取ったら返さなければならないとか、返すなら何秒以内じゃなければならないといったことは、日常場面だとほとんどの場合、明示的には教わらないのではないでしょうか。他者の意図や視点を考慮しなければならないとか、適切な情報を渡さなければならないということも、とても高度な、まるで心理戦や交渉術のような駆け引きのように見えてきます。これまで見てきた音韻・語彙・文法といった切り口でも、ことばの発達にはそれぞれ難しさがありましたが、やりとりの切り口で見たときにも、やはり特有の難しさがあるということでしょう。

　それにもかかわらず、多くの子どもたちは自然なやりとりのなかで、しかもそれぞれの切り口から同時並行的にことばを発達させていきます。ことばというのはとても身近でありふれたものなので、それを身につけることがどれだけスゴイことなのかに目が向けられることはあまりないかもしれません。本書を通じて、子どもたちがいかに偉業を

成し遂げているかということに、そしてあなた自身もことばの使い手になるという偉業を成してきたということに、思いを馳せてみてほしいなと思います。

学術的知見ピックアップ

案内ボード

- どんな声かけをどのタイミングでするかによって、単語の意味のとらえやすさは変化する
- 視野の中心にモノが大きく見えているときにそのモノの名前を発話すると、単語の意味がわかりやすくなる
- 子ども自身が何に興味をもっているかや、何を見ているかに応じた声かけが単語習得を促す可能性がある

◆ グッドタイミングな声かけのヒントは、子どもの見え方にある!?

馴染みのないことばを耳にしたとき、それがどんな意味に対応するのかを突き止めることは（大人であっても）容易ではありません。**図5-4**(A)を見ているときに、「あ！　モーショだ！」と言われたとしま

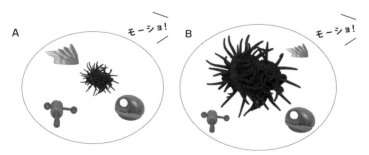

図5-4　複数のモノを見ているときの視覚体験の例
Horst & Hout（2016）の新奇画像リストをもとに作成。

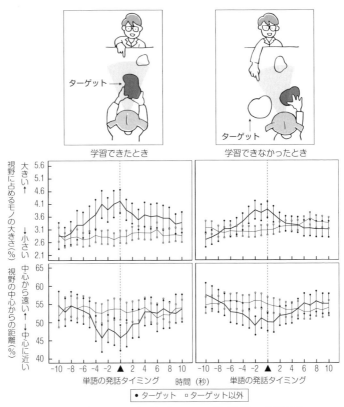

図5-5　新しいモノ語の発話タイミングと子どもの視覚体験

Pereira et al.（2014）をもとに作成。

しょう。このとき、どれがモーショなのかと尋ねられると、なかなか
すぐには判断がつかないのではないかと思います。一方、**図5-4**
（B）を見ているときだったらどうでしょう。おそらく、多くの方は
「このイソギンチャクのようなモノを『モーショ』と呼んでいるのか
な？」と考えるのではないでしょうか。

　このように、単語の意味の推論しやすさは、どのような視覚体験を
しているかに左右されるようです。実際に、20ヶ月ごろの子どもに馴

染みのないモノの名前（いわゆる名詞）を教えたところ、大人が新しいモノの名前を発話したタイミングで、それに対応するモノがちょうど子どもの視野内で大きな位置を占めていたり、子どもの視野の中心に近かったりすると、子どもはその単語をより適切におぼえることができたと報告されています（Pereira et al., 2014）。

　なお、新しい単語をうまく学習できなかった場合でも同様の傾向がありましたが、学習できた場合の方が、ターゲットになるモノの見え方と、そうでないモノの見え方とのコントラストはより明確になっていました。また、話題にあがっているモノの方が、そうでないモノよりも視野の真ん中で大きく見えているというこの特徴は、ターゲットになる単語を聞く前後約10秒にもわたって続いていました（**図5-5**）。

どうやって調べたの？——研究の舞台裏4

　Pereira et al.（2014）の研究は、親子遊びのなかで養育者が子どもに新しい単語を教え、そのあとに子どもがその単語を適切に理解したかどうかを調べ、さらに子どもが単語をおぼえていた場合とそうでなかった場合とで、親子遊びのときの子どもの視覚体験がどのように異なっていたのかをさかのぼって調べるという、ちょっと複雑な構成になっています。

　この研究ではまず、新奇なおもちゃとそれに対応するモノ語を用意します（「テマ」「ドディ」などの実在しない単語が使われました）。そして、子どもとその養育者にこれらのおもちゃを使って遊んでもらいました。この親子遊びの様子を記録して、養育者がモノ語を発話したときに（「テマで何するの？」など）、子どもがどのような視覚体験をしていたかを調べ、そのあとで子どもがそれらのモノ語をうまく理解できたかどうかをテストしました。

　子どもの視覚体験を記録するために、この研究では子どもに小型カメラを装着してもらい、そのカメラに記録された映像から、視野内でそれぞれのおもちゃがどのくらい大きく映っていたかや、それぞれのおも

ちゃがどのくらい画角の中央に位置していたかを測定しました。

　そして、モノ語をうまく理解できたかどうかは、3種類のおもちゃを子どもの目の前に提示して、「テマはどれ？」などと尋ね、適切なおもちゃに手を伸ばすかどうかといった指標で調べられました。

　このような、親子遊びと単語学習とを組み合わせた研究は、近年ますます増えてきています。これらの両方を組み合わせることで、実際のやりとりのなかで子どもたちがどのようにことばを身につけていくのかが、さらに解明されていくのではないかと期待されています。

◆ ことばの発達は子どもと大人の共同作業

　子育てや保育・教育・療育といった実践とのつながりを考えたときに、この研究から読み取れる最も重要なメッセージは「ことばの発達に適した瞬間は、子どもと大人との共同作業によってつくられる」ということだと思います。親子遊びのなかで、子どもの側は興味ある対象を手に取ってしげしげと眺めていたのだと思われますし、養育者の側は子どもが何を見ているのかを無意識のうちに（できる範囲で）汲み取って、それに応じた声かけをしていたのだと考えられます。その両方がうまく噛み合ったときに、子どものなかで「このおもちゃは〇〇と呼ぶのか！」という発見が生じたのかもしれません。

　したがって、「子どもが何に注意を向けているか」をよく観察して、その対象を言語化してみるといった関わりが、ことばの発達において大切だという可能性があります。たとえば、子どもが地面に顔を近づけて石ころをじーっと見つめているとき、「まぁるい石ころだね」などと語りかけることで、大人の声かけはより子どもに届きやすくなるかもしれません。一方で、「あんなところにワンワンがいるよ！」といくら子どもに話しかけたとしても、当の子どもが犬の方向を見ていなければ、そのことばはうまく届かないでしょう。その意味で、子ど

もたちは大人が発することばのシャワーを単に受動的に浴びているのではなく、自らが主体的に世界にはたらきかけながら、ことばを取り込んでいるのだといえるでしょう。実際に、子どもは自分にとって興味のある単語や、自分で指差した対象をあらわす単語をおぼえやすいことが示されています（Ackermann et al., 2020；Lucca & Wilbourn, 2018）。

　場合によっては、声かけのタイミングや、どの対象について話すかを考慮する以外にも、子どもの視覚体験そのものにアプローチするといった方略もありうるでしょう。たとえば、子どもに注意を向けてもらうために、色や形、大きさといった面でより際立ったおもちゃを用意して、それを使って遊んでみるといった方法が考えられます。また、いろいろなモノに次々と目移りしてしまって、ひとつのモノをじっくりと見つめるのが苦手な子どもに対しては、一度に遊ぶおもちゃの数を減らしたり、目に飛び込んでくるほかの情報（壁の掲示物やほかの子どもの動きなど）を調整したりして、静かで集中しやすい環境を整えてみるといった方法も考えられるでしょう。

　子どもとやりとりをする際に、「いま、どんなモノがどんなふうに見えているのかな？」と子どもの一人称的な見え方を想像しながら関わってみると、おもちゃの提示の仕方や声かけの仕方も変わってくるかもしれません。日々忙しくてなかなか余裕がないというのが正直なところかもしれませんが、一日や一週間のほんの少しの時間だけでもそのような視点でお子さんに関わってみると、私たち大人にとっても何か新しい発見があるかもしれません！

5

言語発達の科学を家庭に　国際アウトリーチ・プロジェクト Kotoboo（ことぶぅ）コミックス

　ことばの発達研究をしていると、保護者の方や保育・教育・療育といった子どもに関わる仕事に携わっている方々から、さまざまな質問を受けることがあります。「子どものことばを育むためにはどんなことをしたらよいですか？」「うちの子、まだほとんど話せないんですが大丈夫でしょうか？」「日本語と中国語のバイリンガル環境で育てているのですが、2つの言語が混ざって変なおぼえ方をしてしまわないか心配です……」などなど。

　このような疑問に対して、発達研究者として役に立てることはないだろうか——そんな思いから立ち上げられた国際プロジェクトに、「Kotoboo（ことぶぅ）コミックス」（Kotoboo, n.d.）というものがあります。

　Kotoboo コミックスは、言語発達を専門とする世界各地の若手研究者によって運営されているウェブサイトです。ことばの発達に関する情報を、学術的知見をベースにしつつもなるべくわかりやすく、楽しく、そして多言語で発信しています。たとえば、これまでに以下のようなトピックの記事が配信されています。

Kotoboo コミックスのロゴマーク

　QR コードから Kotoboo コミックスのウェブサイトにアクセスできる（https://kotoboo.org/index.php/ja/）。

- まだ話し始めない赤ちゃんにことばを聞かせることにも意味があるのですか？
- 子どもがバイリンガルになるためには、それぞれの言語を同じくらい聞かせなければいけないのですか？
- 手話をおぼえるのは、音声言語をおぼえるよりも時間がかかるのでしょうか？

　子育てに役立つ情報を探ったり、ことばの発達をめぐる「なぜ？」を解決したりするのに、Kotoboo コミックスはうってつけだと思います。また、それぞれの記事は英語やフランス語、アラビア語、ポルトガル語、スペイン語、中国語、ウクライナ語など、さまざまな言語にも順次翻訳されているので、さまざまな言語・文化的背景をもつみなさんにも楽しんでいただけますし、外国語の学習用教材としても活用できるかもしれません。Kotoboo コミックスは現在、フランスの NPO 法人になっており、「科学のバリアフリー化」を目指して活動を展開しています。ちなみに、Kotoboo という単語は、アラビア語の「本」、日本語の「ことば」、英語の「いないいないばぁ」をあらわす単語の組み合わせから

Kotoboo コミックスの記事の例

「養育者の電子機器を見ている時間は子どもの言語発達に影響しますか？」（Kotoboo, 2021）。

つくられた造語です。

　実は筆者も、このプロジェクトに立ち上げ当初から関わっています。そして、本書で紹介する内容や本書の構成を練るにあたり、Kotoboo コミックスでの経験からたくさんのヒントをもらいました。その意味では、保護者や教育者だけでなく、発達研究者といった「広く子どもに関わる大人たち全般」にとって、Kotoboo コミックスは役に立つウェブサイトだといえるでしょう。

　本書とあわせて、ぜひ Kotoboo コミックスものぞいてみてくださいね！

ツアー2

子ども独自のことばの世界に飛び込んでみよう

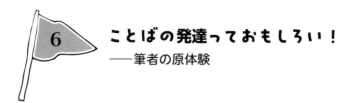

6 ことばの発達っておもしろい！
——筆者の原体験

◆ 子どものリクツ ≠ 大人のリクツ

ある保育園で、筆者が2歳児クラスの子どもたちと遊んでいたときのことです。Ａちゃんと筆者は、色とりどりの液体が入った小さなペットボトルを使っておままごと遊びをしていました。おそらく園の先生の手作りのおもちゃだったのでしょう。ペットボトルは2歳の子どもが片手で持てるくらいの大きさで、なかにはそれぞれ黄色、水色、ピンクなどの液体が入っていました（誤って飲み込んでしまわないように、蓋はしっかりと接着されていました）。

遊びのなかで、Ａちゃんがきれいな紫色のペットボトルを、

「はい、ジュース！」

と言って筆者に渡してくれました。受け取りながら筆者は、

「ありがとう！　これは何ジュースなん？」

と尋ねました。紫色だから、きっとぶどうジュースかな？と頭の中で
考えながら。ところが、Ａちゃんは満面の笑みで、

「バナナジュース！」

と言ったのです。筆者は平静を装って、

「そうなんだぁ。とってもおいしそうだね」

と返しましたが、頭の中は「紫色なのにバナナジュース!?　黄色じゃ
ないのに!?」とちょっとした混乱状態でした。あとから「これは何
色？」と単純に色を当てる遊びもやってみましたが、Ａちゃんは黄色、
赤、青、と適切に言い当てていました。したがって、紫色と黄色が同
じように見えているというわけではなさそうです。もしかしたら、Ａ
ちゃんにとっての「バナナ」は、いわゆる〈黄色い果物〉とは異なる
かたちで概念化されているのかもしれないと思いました（萩原，2022）。

　別の園で、今度は５歳のＢちゃんと遊んでいたときのことです。夏
の暑い日だったと記憶しています。画用紙や折り紙で工作をしていた
Ｂちゃんは、テーブルの上に置いてあったスティックのりの蓋を開け
ようとしていました。ところが、どうやら蓋がかたく閉まっていたよ
うで、なかなか取れません。すると、Ｂちゃんは、

「かったいなぁ。これ冷凍庫に入ってたんかな」

とつぶやきました。カチコチにかたまっていることの理由を、Ｂちゃ
んは自分なりに想像してことばにしたのだと思います（寺田ら，2022）。
もしかしたら、自身の体験、たとえば冷凍庫から取り出したアイスが

図6-1　筆者が遭遇した、子どものことばの不思議な世界

とてもかたくて噛みきれなかった記憶などをもとに、このように考えたのかもしれません。

　これらのエピソードは、子どもにとっての世界のとらえ方は、大人にとっての世界のとらえ方とは違うということを教えてくれているように感じます（**図6-1**）。ほかにも、「疲れた、もう歩けない」と言う子どもに対して、「じゃあ走ろっか！」と伝えたら走ったというエピソード（萩原, 2022）、「保育園行きたくない！　今日寒いもん！」と言う子どもに対して、「じゃぁコートを……」と促したにもかかわらず「寒いって言ってんでしょお！」とコートを投げ捨ててしまうイヤイヤ盛りのエピソード（でこぽん吾郎, 2022）など、枚挙にいとまがありません。乳幼児期のお子さんと関わったことのある方なら、似たような経験が多かれ少なかれあるのではないでしょうか。

　ほとんど記憶に残っていませんが、筆者自身も、乳幼児期には大人とは違う世界のとらえ方やことばの使い方をしていたと家族から聞くことがあります。自分の例を紹介するのはちょっと（というより、かなり）気恥ずかしいのですが、母や祖母いわく、トマトのことを「パイポ」、お気に入りの救急車のミニカーの前輪・後輪を「ビチクン・ビャチャクン」、地元のラジオ電波塔を「クルクルおじさん」と勝手に命名していたとのこと。家族は当初、これらの単語がいったいなんのことを指しているのかさっぱりわからず、ひどく混乱したそうです。

でも同時に、おもしろい謎解きの連続だったような気がする、とも話していました。

◆ 子ども独自の世界のとらえ方を教えてくれる語彙発達の研究

　ツアー１（第１〜５章）では、音韻・語彙・文法・やりとりという４つのスコープから、ことばの発達の謎に迫りました。ツアー２では、これらのスコープのなかでも特に、筆者の専門でもある「語彙の発達」に焦点をググッと絞って、ことばの発達についてさらに深掘りしていきます。

　語彙の発達——子どもたちがどのように単語を理解・表出するのか、また、それらが発達とともにどのように変わっていくのか——を調べることは、子どもがどのように世界をとらえているのかを理解するのにうってつけのスコープだと思われます。ブドウ色の「バナナジュース」や、「冷凍庫に入っていたから」かたくなってしまったスティックのりの蓋など、さきほど紹介したような子どもたちの単語の使い方を調べることで、乳幼児期に特有の世界のとらえ方を垣間見ることができます。ちょっとやり方に工夫が必要ですが、同様に子どもたちの単語の理解の仕方を調べることもまた、彼らには世界がどのように見えているのかをうかがい知るための良いアプローチになります。

　でも、子ども独自の世界のとらえ方を調べることって、いったい何の役に立つのでしょうか？　「ことばの発達を研究しています」とお話しすると、子育てや保育・教育・療育といった実践の場、つまり広い意味での「教育」に、学術的な研究がどのように貢献できるのかという視点でのコメントをよく求められます。たとえば、どうやったら子どもの語彙を増やして、もっと賢い子どもを育てられるのかといった知育の視点や、発達に遅れや凸凹がある子どもたちをどうやったら早期発見できて、療育などの支援につなげられるのかといった発達支援の視点から、研究者としての意見を述べることに期待が寄せられて

いると感じます。

　実際にそういう視点にもとづいた研究もたくさんあります。乳幼児期の語彙発達は、のちの言語スキルや学力を予測することが知られているので（Bleses et al., 2016；Borovsky, 2022；Marchman & Fernald, 2008；Morgan et al., 2015）、早い段階で子どもの語彙発達を促すことは、将来的に良い結果をもたらす可能性があります（Zuniga-Montanez et al., 2021）。加えて、ことばを話すことは、子どもが自分自身の状態や気持ちを理解したり調整したりすることにも関係するので（Day & Smith, 2013；Gonzales et al., 2022；Winsler et al., 2007）、子どもの語彙発達を促すことは、こうした自己理解や自己調整の力を育むことにもつながるかもしれません。さらに、自閉スペクトラムやレイト・トーカーといった特性をもつ子どもたちは、いわゆる定型的とされる発達のルートとは異なる語彙の増やし方をすると報告されているので（Jiménez et al., 2021；Jiménez & Hills, 2022a, 2022b）、語彙発達のパターンをうまくアセスメントできれば、支援を必要とする子どもを一早く見つけることに役立つのではないかという指摘もあります。

　このような視点の背景には、「子どもの成長や発達を促したい」という大人の願いがあるのだと思います。たしかに、こうした考え方は、ことばの発達研究を実社会に活かす際の最もわかりやすいかたちだといえますし、とても重要で、ときとして差し迫った問題にもなりえます。けれども、子ども独自の世界のとらえ方を調べるために行われる語彙の発達研究の場合、このような考え方とは少し違う2つのかたちで、社会に役に立ちうる視点を提供してくれるのではないかと思うのです。それは、「他者の理解につながる」という視点と、「自分の理解につながる」という視点です。

◆ 子どもの世界を垣間見ることは、他者を理解することにつながる

　語彙の発達研究は、子どもが世界をどのようにとらえているかを探

るための良いスコープになるとお話ししました。単語の理解の仕方や使い方は、発達とともに変化していきますし、大人と子どもとではずいぶんと違うようです。ある発達の時期に、ある単語のセットを子どもたちがどのように理解し、学んでいるのかを調べることは、人間が大人へと変化していく過程のあるひとコマを切り取ってみたときに、それがどんな景色になっているのかをつぶさに見てみる、という営みだといえます。

　こうした営みを通して、大人は子どもを新たに発見するのだと思います。つまり、「子どもってこういうもんだろう」という大人目線での思い込み、いわゆる「発達の素朴理論」（木下，2000）をとらえなおすことになるのだと。たとえば、「大人になってから外国語を学習するのはすごく大変だけど、子どもはラクラク、スラスラとことばをおぼえられていいなぁ」といった思い込みが挙げられます。ツアー 1 の各章で紹介したように、子どもたちは試行錯誤を重ね、いくつものステップを経ながら、少しずつことばを発達させていきます。その過程は、子どもたち自身の努力と、周囲の他者の支えによって成り立っています。ですから、ラクチンというよりも、むしろ（しんどいと感じているかどうかは別として）一生懸命やっている側面も多分にあると考えられます。

　大人目線での思い込みの別パターンとして、子どもに大人のものの見方をそのまま当てはめてしまう、という場合も挙げられるでしょう。子どもを大人と同一視した結果、子どものために「よかれと思って」やったことが実は逆効果だった、という状況を招いてしまうこともあります。たとえば、コロナ禍の影響でマスクの着用が増えると、口元が見えなくなってことばの発達に悪影響が生じるかもしれないと不安を感じ、通常のマスクではなく透明なフェイスシールドを使うようにしたという保育園やこども園の事例を耳にしたことがあります。ところが、2 歳児の単語の聞き取りを調査したところ、通常のマスクでは単語を聞き取ることができたにもかかわらず、透明なフェイスシール

ドだとかえってうまく聞き取れなかったという結果が報告されています（Singh et al., 2021）。ほかにも、自閉スペクトラムの子どもの語彙を増やそうとして「もう一回」「やって」などのフレーズを教えようとしたけれどもうまく理解してもらえなかったという事例もあります（萩原, 2018）。この事例では、子どもに大人の語彙に合わせてもらおうとする代わりに、そのお子さん自身がもっていた音のレパートリーに意味づけをして、「キキ」「キカ」といった音を〈もう一回〉の意味で遊びのなかで使うようにすると、それを単語として理解してもらえるようになっていきました。

　大人である私たちも、かつては子どもだったことを考えると、子どもは最も身近な「他者」だといえるでしょう。そのため、知らず知らずのうちに「子どもってこういうもんだろう」という思い込みが形成されても、それが間違っているだなんて疑わなくなったり、「こうすれば喜ばれるに違いない」といった自分の常識を、無意識のうちについつい彼らにも当てはめてしまったりしがちです。けれども子どもという存在は、大人とは異なる世界のとらえ方をしている、大人とは異なる存在です（森口, 2023）。大人の常識と彼らの常識は同じではありません。語彙の発達研究を通して、子ども独自の世界のとらえ方を垣間見ていくと、その事実にハッと気づかされることがよくあります。さらに、子どもは単に未熟なのではなく、大人とは異なるものの見方をもっている、ということにも気づかされます。「能力がまだ足りない」という考え方ではなく、自分の常識をいったん脇に置いて、「異なる文化・常識のなかで生きている」というふうに子どもをとらえてみると、彼らのことばや行動の見え方、さらには彼らへの関わり方もずいぶんと違ってくるように思うのです。

　ちょっと唐突に思われるかもしれませんが、伊藤（2015）にならって、椅子を例に考えてみましょう（**図6-2**）。四本脚の椅子からすれば、三本脚というのは頼りなく、不完全で、グラグラするように感じられるかもしれません。けれども、三本脚で成立している椅子だって

図6-2 「欠如モデル」から「異文化モデル」へ

　伊藤（2015）をもとに作成。椅子を例にした図式。脚が一本ない（＝能力が足りない）という欠如ではなく、三本脚がつくる「全体」（＝異なる世界を生きている）だと考えてみる。

ありますし、あえてグラグラするように作られた一脚椅子だってあります。大人の文化や常識を子どもに当てはめて「能力がまだ足りない」と考えることは、ちょうど四本脚の椅子に照らして、三本脚の椅子や一脚椅子のことを「脚が足りない」とみなすことと似ています。一方で、子どもを「異なる文化・常識のなかで生きている」というふうに考えてみることは、三本脚の椅子や一脚椅子を異なる「全体」としてみなすことだといえそうです。そのように考えてみると、「早く脚を足した方がいいよ」などとつい早まってしまう前に、「三本脚でどうやってバランスをとっているんだろう？」「自立しないように一本脚になっているのにはどういう意味があるんだろう？」といった具合に、少しだけ立ち止まって考えをめぐらせる時間が生まれます。

　このたとえ話のように、大人の常識からいったん離れて、子どもにとっての常識を理解しようという姿勢は、子ども以外の他者と関わるときにも重要なことだと思います。子どものことばを研究し、子ども独自の世界のとらえ方を明らかにすることで、身近な他者でも自分とは異なる「当たり前」をもっているということへの気づきを促せるのではないか。つまり、他者をもっと理解することにつながるのではな

いか、と筆者は考えています。

◆ 子どもの世界を知るなかで、自分の経験を編み直す

　子どもがどのように世界をとらえているかを調べることは、他者を理解することに加えて、自分自身をより深く理解することにもつながるのではないかと考えています。大人は誰しもかつては子どもだったことを考えると、子どもを理解することは、大人にとって、これまでの自分史をたどりなおすことだといえるのではないでしょうか。ことばの発達だけでなく、発達を学ぶこと全般に関する文章ですが、このことを端的に述べている田中真介氏の文章を引用してみましょう。

　　「発達を学ぶ」ことによって、あなたの眼は豊かになり子どもは新たに発見される。そしてあなたは子どもだったのだから、子どもの発見とは、あなた自身の発達過程の発見（過去から現在そして将来にわたる発達過程の発見）となる。過去が新たに発見され、それによって未来が新たに構想されていく。　　　（乳幼児保育研究会，2009, p. i）

　大人になってしまった私たちは、もう子どもに戻ることはできませんし、幼いころにどんなふうに世界を見ていたかを詳細には思い出せません。けれども、語彙の発達研究を通して、子どもにとっての世界のとらえ方やその変化を垣間見ることで、自分の過去を追体験し、自分を再発見することができるように思います。上で紹介したように、筆者自身も子どものことばを研究するようになったからこそ、家族から聞いた幼少期の自分のエピソード（「パイポ」「ビチクン・ビャチャクン」など謎だらけの単語ばかりですが……）を単に「意味がわからん」と放り捨てるのではなく、「過去の自分はどんなふうに世界を理解していたのだろう？」と、それらをおもしろがるポイントのようなものがつかめた気がします。

　加えて、ツアー１の各章で見てきたように、ことばの発達というのは長い旅路であり、数々の無理難題に挑む過程でもあります（針生, 2019）。多くの人がことばを話せるようになるので、ことばを身につけるということは、ともすれば「当たり前」のことのように感じられるかもしれません。でも、ことばを身につけることはとてもスゴイことだと筆者は思っています。ことばの発達研究をすればするほど、子どもたちが小さい身体や脳でどれだけの偉業を達成しているのかということに驚きを隠せなくなります。この本を読んでくださっているみなさんも、そういう意味で、ことばの発達の大変な旅路を辿ってきたといえます。本当にスゴイことです！

　実際に、ことばの発達というのは、子ども自身が主体的に世界や他者と関わるなかで生じるものです。ことばの発達は、大人をはじめとする周囲の他者との共同作業ではありますが、それは大人が一方的にことばのシャワーを浴びせかけて、子どもは何もせず「お客さま」になっているというわけではありません。大人の側が子どもの発達的変化に対して（無意識のうちに）関わり方を調整しているという側面がある一方で、子ども自身の主体性もまた、ことばの習得に適した状況や、大人の発話の変化を引き出しているのです（Iverson, 2021；山本, 2022）（図6-3）。

　たとえば、積極的にいろいろな角度からモノを見て、そのモノについての情報を蓄えている子どもは、より多くの単語を習得しやすいという報告があります（Slone et al., 2019）。また、乳児期の子どもが歩けるようになり、行為のレパートリーが増えてくると、それに伴って養育者の声かけにも変化が生じ、行為への言及が徐々に増えると報告されています（Karasik et al., 2014）。これらは、子どもが主体的につくり出す変化が、ことばの発達やそれに寄与する環境の変化を生み出す好例だといえます。この意味で、子どもたちは「アクティブな学習者」と呼べるでしょう。さらに、子どもたちはもっと貪欲に単語を学ぶことも知られており、18〜20ヶ月ごろの子どもたちは、自分自身に話し

モノ・ヒトなど環境への
関わり方の変化

環境から
得られる情報の変化

図6-3　「アクティブな学習者」としての子ども

かけられている状況でなかったとしても、大人同士の会話から新しい
単語を習得できると報告されています（Gampe et al., 2012；Shneidman et
al., 2009）（とはいえ、やはり子ども自身がやりとりに参加することが重要だ
という指摘もあります；Weisleder & Fernald, 2013）。

　このように考えてみると、みなさんがことばを身につけてきた過程
というのは、それが外国語ではなく母語であったとしても、みなさん
の努力の賜物にほかなりません。ことばの発達過程を明らかにし、子
どもにとっての世界のとらえ方の変遷をたどることは、みなさん自身
の努力の軌跡をたどりなおしてみることでもあります。そうやって新
たに自分の旅路を振り返ってみることで、自分をほめたり鼓舞したり
するときの根拠が得られるかもしれない。そういう意味で、語彙をは
じめとすることばの発達研究は、自分を理解し助けることにもつなが
ると私は考えています。

◆ 「ことばのない世界」から「ことばのある世界」へ

　ことばは、私たち人間が世界をとらえ、表現するための、とても便利な道具だといえます。ことばがあるおかげで、私たちは複雑な思考や、他者とのやりとりをスムーズに行うことができます。「明日は晴れるんだって！」と聞けば、もしその日が大雨だったとしても、降り注ぐ太陽や暖かい風を心のなかでイメージすることができますし、「お布団でも干そうかな」と未来の計画を立てることもできます。

　一方で、こうやってことばを使いこなせるようになるまでには、長い長い旅路があることも事実です。当たり前のことかもしれませんが、生まれてきた赤ちゃんがその日のうちから「明日は晴れるんだって！」という発話を理解できるわけではありません。さらに、子どもはどうやら、「ことばの前の世界」から「大人の言語の世界」へと一直線にやってくるわけではないようです。ことばの発達の道のりのなかで、子どもたちは、大人の目からすると「なに道草をくってるの!?」「え、そっちの道に行ったら遠回りなんじゃない!?」と思わず言ってしまいたくなるような行動をよく見せます。でも、そうした不思議や謎それ自体が、実はことばの発達において重要な役割を果たしていたり、あるいは子どもにとっての（大人とは異なる）独特なことばの世界を浮き彫りにしていたりすることもあります。「早く大人のように話せるようになってほしい」「日本語だけじゃなくて英語や中国語などの外国語もしっかり身につけてほしい」などと思ってしまうのが子育てに携わる大人の正直な心情かもしれませんが、ここではちょっとだけ足を止めて、ことばの発達の謎をそのまま楽しんでみませんか？　ツアー2をめぐってみるなかで、今まで気にも留めなかった子どものことばのおもしろさにハッと気がついたり、もしかしたらあなた自身がことばを身につけてきた過程の素晴らしい再体験ができたりするかもしれませんよ！

7 モノ語の習得に役立つ手がかり
—— 鉄棒と書いて「ブランコ」と読む!?

案内ボード

- 多くの言語圏で、子どもの初期の語彙にはモノ語をはじめとする名詞が多く含まれる
- モノ語の理解には、どのような形をしているか、どのように使うかといった情報が役に立つ
- 子どもたちはモノの形や使い方の情報を積極的に蓄え、経験のなかでうまく活用できるようになっていく

◆ 語彙の発達はいつから？

　子どもが最初に意味のある単語を話し始めるのはいつごろでしょうか。初めての単語、つまり初語を話し始めるようになるのは、一般に1歳の誕生日を迎えるころだといわれています（Benedict, 1979；Blinkoff & Hirsh-Pasek, 2019；Moore et al., 2019；Nelson, 1973）。その後1歳半ぐらいまでは、語彙は比較的ゆっくりと増えていくようですが、1歳半ごろ、あるいは表出できる語彙の数が50語を超えたくらいから、急激にググッと語彙が増える時期がやってくるといわれています（Goldfield & Reznick, 1996；Mervis & Bertrand, 1995；Nazzi & Bertoncini, 2003；Nelson, 1973）。こうした語彙の発達は、伝統的には子どもの発語、つまり表出の側面から詳しく調べられてきました。一方で、理解の側面に注目すると、表出に先駆けて単語の理解の方が早く発達することが知られています。たとえば、まだ単語を話さない生後6〜9ヶ

月の赤ちゃんでも、「バナナ」などの身近な単語であれば理解の兆しを示すことが報告されています（Bergelson & Swingley, 2012；Tincoff & Jusczyk, 2012）。とはいえ、このころの単語の理解はまだ不安定で、誰が発話したかによって判断がゆらいだり（Parise & Csibra, 2012）、新しくおぼえた単語を別の指示対象に当てはめることは難しかったりするようです（Taxitari et al., 2020）。1歳を過ぎたころから、たとえば自分のコップではなく見たことのないコップであっても、「これはコップだな」と単語の意味がわかるようになると報告されています（Garrison et al., 2020）。

◆ 名詞 ＝ モノ語であふれる初期の語彙

みなさんは、自分が初めて話した単語が何だったか、おぼえているでしょうか。中国語や韓国語などいくつかの例外はありますが、子どもの初期の語彙を見渡してみると、ほとんどの言語圏で特に大きな割合を占めるのは名詞だということが知られています（Bornstein et al., 2004；Caselli et al., 1999；Fenson et al., 1994；Frank et al., 2021；Gentner & Boroditsky, 2001）。ひとくちに名詞といってもいろいろな種類がありますが、この時期に顕著なのは、いわゆる「モノの名前」に対応する単語、つまりモノ語です。たとえば、「ブーブー」（車）や「クック」（靴）などのモノ語は、早い時期からおぼえやすく、語彙として増えやすい傾向にあるようです。日本語も例外ではなく、初期の語彙は名詞が大きな割合を占めることが知られています（小椋, 2007；小椋ら, 2016）。

日米の子どもの初期の語彙50語をピックアップして、それを名詞や動詞などの品詞ごとに集計した研究（小椋, 2007）の結果を見てみましょう（**図7-1**）。この図を見ると、子どもの理解語彙・表出語彙ともに最も大きな割合を占めるのは、たしかにモノ語をはじめとする名詞のようです。その次には、挨拶などの社会的な語や、行為をあらわ

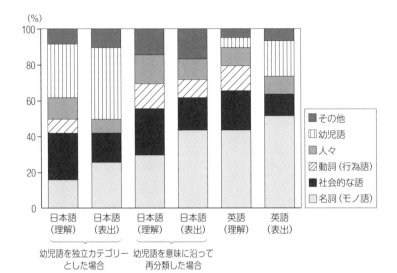

図7-1　日米の子どもにおける早期獲得50語のカテゴリー分類

小椋（2007）、萩原・阪上（2019）をもとに作成。名詞には、おもちゃや乗り物、動物や食べ物の名前が含まれる。日本語の早期習得語には幼児語が多く含まれるため、意味カテゴリー別に再分類したものを併記した。

す行為語（主に動詞）が続いています。ちなみに日本語には、英語などほかの言語と比較して、擬音語や擬態語、いわゆるオノマトペが初期の語彙にはとてもたくさん含まれています。オノマトペを「幼児語」として、単独のカテゴリーだとみなして子どもの語彙を分類した場合、日本語における初期の語彙は幼児語が最も優勢になります。しかし、「ワンワン」は〈犬〉を意味するから名詞、「エンエン」は〈泣く〉を意味するから動詞というように、幼児語をそれぞれの品詞に割り振っていくと、初期の語彙は名詞が一番優位になります。このように、初期の語彙はモノ語であふれているということができそうです。

どうやって調べたの？——研究の舞台裏5

　乳幼児期の語彙の発達を調査する方法には、親子のやりとりなどを観察して記録する方法や、モニターに写真や動画を提示して「ワンワンを見て！」などと発話し、子どもの視線や指差しによって理解の度合いを調べる方法、語彙チェックリストを用いて子どもがわかる、または言える単語を養育者に尋ねる方法などがあります（Ambridge & Rowland, 2013）。このうち、語彙チェックリストを用いた方法は、比較的簡便に実施できるということもあり、過去数十年にわたり多くの研究で用いられてきました。なかでも、国際的に広く用いられているのは「マッカーサー・ベイツ乳幼児言語発達質問紙」（Fenson et al., 1993, 2007）です。この質問紙は多くの言語に翻訳されていて、日本語版も存在します（小椋・綿巻，2004a，2004b）。あらかじめ用意された数百の語彙チェックリストに対して、子どもが「わかる」単語や「言える」単語を養育者が回答することでデータを収集します。リストは、「動物の名前」「食べ物・飲み物」「動作語」などカテゴリーごとに並んでいて、養育者はそれぞれの単語について、子どもがわかるかどうか、または発語するかどうかを回答するようになっています。

　この言語発達質問紙を用いて収集されたデータの一部は、Wordbankと呼ばれるオープンデータベース（Frank et al., 2016；Wordbank, n.d.）にて公開されていて、いろいろな言語での子どもの語彙発達を比較するなど、二次的に利用することが可能です。2023年12月現在、Wordbank上には38の言語からなる9万件以上の語彙質問紙データが集積されていて、世界各地の研究者が協力を申し出てデータを提供しています（ただし、日本語のデータはまだ公開されていません……）。一般の方もデータを探索できるように作られているので、よかったらぜひ見てみてください！

　このような質問紙をもとにした語彙の発達研究には多くの蓄積がありますが、一方で問題点も指摘されています。たとえば、同じ養育者に2回にわたって質問紙に回答してもらった研究では、特に動詞の表出語彙

について、あるときには「言う」にチェックがついているのに対して、あるときには「言わない」にチェックがついているなど、回答に一貫性がなかったことが報告されています（Arunachalam, 2022）。また、チェックリストはあくまで養育者が回答するもので、子ども自身の語彙発達を直接測るものではありません。そのため、本当は発話できるのにチェックリストには反映されていないとか、その反対が生じる場合もあります。そして、チェックリストに存在しない単語については、この方法では調べられません（小林ら，2013）。

　こうした限界はあるものの、語彙チェックリストには、簡便にデータを収集しやすいことや、さまざまな言語に翻訳されていて言語間で比較しやすいことなどの利点があることも事実です。そのため、子どもの語彙発達を調べる際の目安として、当面の間は今後もこの方法が用いられるのではないかと思われます。

　ここまで見てきたように、行為語（主に動詞）や属性語（主に形容詞）などほかの種類の単語に先駆けて、「ブーブー」（車）や「クック」（靴）などのモノ語は早期に習得されます。そのため、多くの研究者は、「子どもは幼いころから、モノ語を効率よくおぼえるための仕組みをもっているのではないか？」と考え、その仕組みを明らかにしようとしてきました。本章では、モノ語の習得をめぐってとりわけよく調べられてきた2種類の手がかり――「形の手がかり」と「行為の手がかり」について紹介しましょう。

◆ モノ語の習得において重要な「形の手がかり」

　ひとつめは、モノそれ自体がもつ物理的で静的な性質が、それに対応する単語の習得を助けるというものです。代表的なものに、「形の手がかり」に対する子どもの感受性が挙げられます（Gershkoff-Stowe

図 7-2　語彙習得の手がかりを身につけていく過程

& Smith, 2004 ; Kucker et al., 2019 ; Landau et al., 1988)。

　「ボール」や「コップ」など、モノ語が指示する対象は、おおむね似たような形をしています。ボールなら丸い形、コップなら大きなくぼみのある円柱の形、といった具合です。子どもは 1 歳半ごろになると、こうした形の類似性を手がかりにして、「似た形のモノは同じ名前で呼ぶ」ということを理解できるようになっていきます（Smith et al., 2002）。ここでスゴイのは、子どもたちは「丸い形のモノは『ボール』っていうんだね」「大きくへこんだ円柱形のモノは『コップ』っていうんだね」と、ひとつひとつの単語を習得していくうちに、個別の単語を超えて、「モノ語の意味を理解するときには、形が大事な手がかりになるんだ！」という抽象化されたルールを身につけていく、ということです（**図 7-2**）。

　形の情報に注目することの重要性がわかってくると、今度は身につけたルールを新しい事例にも応用できるようになっていきます。たとえば、「ヒコーキ」という新しい単語を聞いたときに、「ということは似た形をしたこれもヒコーキかな？」というように、スムーズに単語の意味を予想できるようになるのです。実際に、形への注目を促しながら単語を教えていくことで、その後のモノ語の語彙数が向上したと

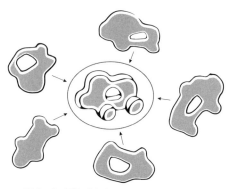

図7-3　同じおもちゃのいろいろな見え方

Slone et al.（2019）をもとに作成。

いう報告もあります（Smith et al., 2002）。

　さらに興味深いことに、子どもはモノと関わって遊ぶなかで、形についての情報を自らどんどん蓄えていくようです。幼い子どもがおもちゃで遊ぶのを見ていると、単にぼーっと眺めるだけでなく、実際に手に取っていろいろな方向からしげしげと見つめてみたり、左右の手で持ち替えたり、ときには口に入れて味わったりしていますよね。こうしてモノと関わるなかで、同じモノでも見え方はどんどん変わっていきます（**図7-3**）。このように、モノと関わるなかでいろいろなモノの見え方を積極的につくり出して形の情報を収集している子どもほど、のちのモノ語の語彙数が増えやすいことが報告されています（Slone et al., 2019）。おもちゃをあれこれ操作しながら遊ぶという日常生活のひとコマそれ自体が、実はことばの発達の大切な土台になっていることが示唆されます。

◆ モノ語の習得には、動詞で表現される「行為の手がかり」も重要

　形のような、いわゆるモノそれ自体がもっている物理的な手がかり以外にも、モノ語の習得には重要な手がかりがあります。それは、モ

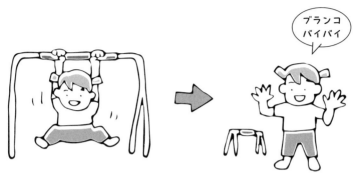

図7-4　鉄棒にぶら下がって遊ぶCちゃん

ノをどのように使うかといった用途に関する情報、つまり「行為の手がかり」です（Kemler Nelson et al., 2000；Kobayashi, 1997；Zuniga-Montanez et al., 2021）。形の手がかりがモノの物理的な側面に関わる手がかりだとすれば、行為の手がかりは、モノが社会的な文脈のなかでどのように用いられるかということへの注目を促す点で、モノの社会的な側面に関わる手がかりだといえるかもしれません。

　ここで、21ヶ月になるCちゃんとお母さんが、おうちにある折りたたみ式の鉄棒で遊んでいたときのやりとりを紹介しましょう（**図7-4**）。Cちゃんは鉄棒にぶら下がって遊ぶのがお気に入りのようで、ひとしきり遊んだあと、次の遊びに移る前に以下のように言いました。

　「バイバイする……ブラ……**ブランコ　バイバイ**」

　Cちゃんにとって、大人の私たちが「鉄棒」と呼ぶものは「ブランコ」になるようです。ぶら下がってゆらゆら揺れて遊ぶ、という行為の情報から、「揺れて遊ぶものだからこれは『ブランコ』だ！」というように単語を決めたのだと思われます。

　同じような事例は日本語以外の言語圏でも見受けられます。たとえば、ドイツ語の環境で育っている子どもが、「鼻」という単語を、鼻

だけでなくハンカチやブーツの爪先など、〈引っ張って遊べるモノ〉全般に使っていたことなどが報告されています（Stern & Stern, 1907）。さらに、形の手がかりを身につけるのと同じ 1 歳半ごろの子どもたちに、行為の手がかりにもとづいてモノ語を教えたところ、モノの使い方の情報をうまく活用して新しい単語を習得できるようになったという知見もあります（Zuniga-Montanez et al., 2021）。

どうやって調べたの？──研究の舞台裏 6

　形や行為など、特定の手がかりが単語の習得に役立つかどうかを調べるためには、子どもたちに今まで聞いたことがない、まったく新しい単語を教える必要があります。そうでないと、子どもが本当にその手がかりを使って単語をおぼえたのか、それとも以前からその単語を知っていたのかを区別できないからです。そのため、この手の研究では、子どもごとに異なる過去の経験が結果に影響しないように、実際には存在しない単語や、珍しいおもちゃを使って調査を行うことがよくあります（ときにはおもちゃを自作する研究者もいます！）。「行為の手がかり」について調べた研究（Zuniga-Montanez et al., 2021）も、そのような研究例のひとつです。

　この研究には、17ヶ月の子どもたち24名が参加しました。このうち半分の子どもたちには、行為の手がかりへの注目を促しながらおもちゃ遊びをしました。たとえば、子どもに粘土の型抜きおもちゃを見せて、「これは**キヴ**っていって、粘土に形をつけられるんだよ」などと話しながら実際にやってみせたり（キヴという単語は、実際には存在しない単語です）、型抜きではない別のおもちゃを見せて、「これは形がつかないからキヴじゃないね」などと伝えたりしました。もう半分の子どもたちには、同じおもちゃを使って同じ時間だけ遊びつつも、特にそのおもちゃの使い方については言及せず、実演もしませんでした。こうしたおもちゃ遊びを週に 1 回、7 週間ほど繰り返しました。

　後日、これまで遊んできたおもちゃを使って、今度は単語の理解を調

べました。まず、「これはキヴだよ」などと伝え、そのおもちゃで粘土の型抜きができることを実演してみせます。そして、3種類の異なるおもちゃを見せて、それぞれ型抜きができるかやってみせたあと、「もうひとつのキヴはどれ？」と子どもに尋ねました。3つの選択肢は、実演してみせたおもちゃ（＝キヴ）と、①用途だけが同じモノ、②形だけが同じモノ、③色だけが同じモノ、になっていました（**図7-5**）。

その結果、行為の手がかりについて教わった子どもたちは、形や色の情報にまどわされることなく、使い方が同じおもちゃを「キヴ」だと選択しやすいことがわかりました。一方で、そのような手がかりを教わらなかった子どもたちの場合、3つのおもちゃのなかで使い方が一致するものを選ぶ確率は当てずっぽうに近いものでした。このことから、1歳半ごろの子どもたちは、行為の手がかりに注目するという経験をすることで、この手がかりをモノ語の習得に活用できるようになることが示されました。

最初に実演したおもちゃ

3つの選択肢

最初に実演したおもちゃと同じ？

用途：	×	○	×
形 ：	×	×	○
色 ：	○	×	×

図7-5 「キヴ」はどれ？
Zuniga-Montanez et al.（2021）より。3つの選択肢のうち、まんなかのおもちゃだけが「粘土の型抜き」という行為を遂行できる。

さらに興味深いのは、行為への注目を促された子どもたちは、今まで遊んだことのないおもちゃに対しても、新しい単語の意味を「モノの使

い方」にもとづいて推論できたという結果です（たとえば、磁石でくっつく、水を吸える、といった使い方のおもちゃがありました）。つまり、「似た使い方をするものは同じ名前で呼ぶ」というルールを、過去の体験をもとに、新しい事例にも適用することができたのです。このように、子どもは単語の習得に役立つ手がかりを発達のなかで身につけ、使いこなせるようになっていきます。

◆ アクティブに情報を集めて活用する子どもたち

　鉄棒を「ブランコ」と呼んだり、ハンカチを「鼻」と呼んだりすることは、大人の感覚からすれば間違いだということになってしまうかもしれません。しかし、こうした事例は、子どもが自ら語彙の発達に役立つルールを発見し、それを新しい場面に当てはめようとしていることを示唆しています。子どもは単に大人のマネをしたり、教え込まれたりしてことばを学んでいるのではなく、自分の頭や身体で考えながら積極的にことばを身につけていくのです。

　ちなみに、子どもたちはどんな手がかりでもモノ語の習得に活用できるのかというと、どうやらそうでもないらしいことも指摘されています。たとえば、形や行為の手がかりを教えるのと同じように、「材質の手がかり」を15〜20ヶ月ごろの子どもたちに教えても、「似た材質のものは同じ名前で呼ぶ」というようには推論できなかったという知見があります（Samuelson, 2002）。この時期の子どもたちが遭遇するモノの場合、形や行為の手がかりが役に立つ状況は多くあっても、材質の手がかりが役に立つ状況は相対的に少なく、そのためにこの手がかりは子どもにとって「役に立たないから学ばない」と判断された可能性があります。その意味で、子どもたちはとても合理的で、「そのときに必要だと思えば学ぶ」という学習の方略を採っているのかもし

れません。

　形や行為など、モノ語の習得に役立つ手がかりをうまく活用し、ときにはちょっと変な理解の仕方もしながら、子どもたちは語彙を増やしていきます。お子さんのおもしろい発語・発話に出合うチャンスがあったら、ぜひ「この子はどんな手がかりを発見・活用したのかな？」と子どもの世界を探ったり、一緒にそのとらえ方を楽しんだりしてみてください。間違いを修正するのは、そのあとでもきっと遅くはないように思います。

8 発達に伴って変化する単語の意味
—— 「クック」の意味は〈靴〉じゃない!?

案内ボード

- 子どもは、単語の意味を大人と同じように理解しているとは限らない
- 単語「クック」の初期の意味には〈履く〉などの行為も含まれており、単語の初期の状態はモノ語とも行為語ともいえない未分化性をもっている
- 発達に伴って、「クック」の意味はモノとしての〈靴〉だけをあらわすように分化していく

◆ 初期の語彙はモノ語中心。でも……?

単語をおぼえ始めたばかりの子どもの場合、単語の意味が大人と一致しないことがしばしばあります。よく知られているのは、「ワンワン」という単語を、犬以外の四つ足動物、たとえばネコやキリンにも当てはめてしまうといった過大般用（Clark, 1973）の例でしょう。なかには、自動車などの〈動くもの全般〉を「ワンワン」と呼ぶお子さんもいるようです。「ワンワン」とはすなわち〈犬〉を指す、という大人の常識は、幼い子どもにはどうやら通用しないのですね（図8-1）。

第7章で紹介したように、一般に、子どもは「クック」（靴）や「コップ」といった、いわゆるモノの名前にあたるモノ語（主には名詞）を、ほかの種類の単語に先駆けて多く習得します。これに対して、

図8-1　単語「ワンワン」の過大般用の例

「履く」「飲む」といった行為語（主に動詞）は、モノ語に比べるとゆっくりと増えていきます。でも、語彙の発達の初期には「ワンワン」が〈四つ足動物〉や〈動くもの全般〉を意味することもあるくらいですから、子どもが「クック」と言えるようになったからといって、大人と同じようにその単語を〈靴〉というモノ語として理解しているとは限りません。実際に、鉄棒にぶら下がって遊んでいた子どもが鉄棒のことを「ブランコ」と呼んだ事例や、ブーツの爪先やハンカチなどつまんで遊べるモノ全般を「鼻」と呼んだ事例もありますよ、と前章でご紹介しました。

　こうした事例は、大人視点では「間違い」と見なされてしまうかもしれません。けれども、子どもが大人とは異なる独特な単語の理解・表出の仕方をするという事実は、子どもが自身の体験をもとに単語と意味の世界をつくりあげている、ということを同時に示しています。そのため、子どもがどのように単語を理解・表出するかを調べていくことで、ことばの発達の本当の姿が浮かびあがってくるかもしれません。

　これまでの多くの研究では、「クック」「コップ」のような名詞は〈モノ〉を意味していて、「履く」「飲む」のような動詞は〈行為〉を意味している、という対応関係を自明なこと、つまり当たり前のこと

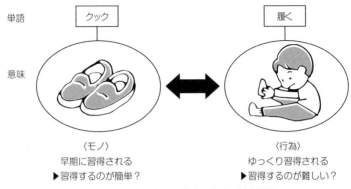

図8-2　大人視点での単語―意味の対応関係

だと見なしてきました（**図8-2**）。でも、これって本当でしょうか？たしかに、大人の目から見ればこれらはその通りで、仮に靴を帽子のように頭に乗せて被ったり、コップに草花をさして花瓶のように扱ったりしたとしても、「靴はどれ？」「コップはどれ？」のように尋ねられたら、モノがどのように使われているかとは関係なく、靴やコップを正しく認識することができます。でも、だからといって、子どもも同じように単語とそれが意味するものとの対応関係を決めているかどうかはわかりません。もしかしたら、全然違うとらえ方をしている可能性もあります。

◆　初期の単語の意味は未分化？

　単語をおぼえ始めたばかりの子どもは、モノを指示すると思われる単語（＝モノ語）を中心に語彙を増やしていきます。けれども、大人から見たときに単語が〈モノ〉を意味するからといって、子どもも同じようにとらえているとは限りません。むしろ、語彙発達の初期においては、子どもにとっての単語は、一概に「名詞」だとか「モノ語」だとはいえない、なにか別の独特な単語である可能性があります。

　子どもの頭のなかには、大人とは異なる独特な意味の世界が広がっているかもしれない。このような発想は、実は古くから議論されていたことでもあります。たとえば、子どもの発話は、「名詞」「動詞」「形容詞」のように切り分けることはできず、むしろ「名―形―動―詞」のような複合的なものなのではないかといった洞察は、既に1世紀以上も前から主張されてきました（Dewey, 1894）。「熱い」という単語は一見すると形容詞ですが、子どもにとってはモノの属性としての〈熱い〉という意味だけではなく、〈スープ〉〈ストーブ〉などの意味も含んでいるのではないか、といった指摘もあります（Church, 1966）。

　さらに踏み込んだ議論として、子どもにとっての初期の単語は、その単語が名詞など特定の種類の単語に見えたとしても、実際には子ども自身の体験をもとに形成された、全体的で未分化な〈出来事〉全体を意味しているのではないか、という主張が挙げられます（Werner & Kaplan, 1963）。たとえば、子どもにとっての「クック」という単語の意味は〈靴〉ではなくて、〈靴を履く〉とか〈お出かけする〉という行為まで含んだものではないか、というものです。同じように、「いないいないばぁ」のなかで「ばぁ」の部分を子どもが発話したとしても、それは〈出てきた！〉という特定の動きや行為だけをあらわしているのではなく、遊び相手である大人や、そのときに使っていたおもちゃ、遊びのなかの感情などを含んだ〈全体としての状況〉を意味するかもしれません（McCune, 2008）。

　考えてみれば、子どもが日常的に触れるモノの多くは、ある特定の場面や行為に埋め込まれた、いわば「盛り合わせ」のようなものになっています。〈ボール〉は〈投げる〉と結びついているし、〈コップ〉は〈飲む〉と結びついているし、〈絵本〉も〈めくる〉や（赤ちゃんにとっては）〈嚙む〉と結びついているといえそうです（Nelson, 1983a, 1983b, 1986）。したがって、子どもにとってのモノの概念は、行為や出来事からすっぱりと切り離されたものではなく、むしろこれらと分かちがたく合体したものである可能性があります。実際に、ある

8

子どもは「ボール」というモノ語を言えるようになるよりも先に、投げる行為によってボールを示そうとしたり、「ポーンテンノ」などと行為に関わるオノマトペを表出したりすることで、「ボール」について表現しようとしたという報告があります（小林，1992）。このように考えてみると、「クック」「コップ」といった単語も、大人にとっての単語と同じように「モノ語」と呼ぶのは実は誤りで、何か別の意味をもった単語なのかもしれません。

◆「クック」の意味は〈靴を履く〉から〈靴〉へと変化する

　子どもにとっての初期の単語の意味は、〈モノ〉や〈行為〉などと明確には区別されておらず、未分化で全体的な〈出来事〉であるという考え方を紹介しました。このような考え方にもとづけば、発達初期の単語の意味は、発達に伴って分化していくと考えられます（Werner & Kaplan, 1963）。たとえば、「クック」の意味は初期には〈靴を履く〉のような意味をもっていて、あとから行為とは関係のない、より抽象的でモノだけに特化した〈靴〉という意味になっていく、というイメージです。

　このようなイメージは、生物学でいうところの「細胞の分化」に似ているかもしれません。発生の初期には、細胞は特定の役割をまだもっておらず、胚性の未分化な状態にあります。細胞分裂を繰り返すうちに、そのような細胞はやがて筋細胞になったり、骨細胞になったり、神経細胞になったりといった具合に、さまざまな役割をもつ細胞へと分化していきます。子どもの単語もそのように初期には未分化で、あとからモノ語や行為語といった、特定の意味へと変化していく可能性があります。こうした発想から、子どもの初期の単語を私は「胚性詞」と呼んでいます（萩原・阪上，2019）（**図8-3**）。

　では、子どもから発せられた単語が未分化な「胚性詞」なのか、分化した「モノ語」や「行為語」なのかを区別するにはどうしたらよい

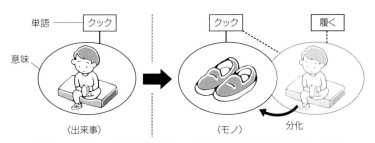

図8-3 単語の意味は発達に伴って分化すると考える「胚性詞」仮説
萩原・阪上（2019）をもとに作成。

でしょうか？　子どもの発話に注目する場合、手がかりとなるのは二語発話です。一語発話で「クック」しか言わないときには、その意味はもっぱら未分化だと考えられますが、子どもが「パパ　クック」とか「クック　ハク」のような二語文を話せるようになってきたら、単語「クック」の意味は〈出来事〉全体ではなく、出来事のある特定の一側面だけを切り出していて、別の単語でそれ以外の側面を表現している、といえそうです。また、散歩中に道で見かけたネコを指差しながら「ネンネ」と子どもが言った場合も、指差しと発話を組み合わせることで、〈ネコ〉＋〈寝ている〉と2つの要素を別々に表現しているといえるので、単語の意味が分化の兆しを見せていると考えることができるかもしれません。実際に、指差しのようなジェスチャーが一語発話と一緒に使われるようになることは、二語発話に向けた発達の準備が整ってきていることの証拠だと考えられています（Iverson & Goldin-Meadow, 2005）。

　このような観点は、単語の意味が分化していることを確かめるのには有効だと思われます。でも、単語の意味はもともとは未分化であるということをもっと積極的に主張するにはどうしたらよいでしょうか？　その場合も、子どもの様子をつぶさに観察することで手がかりが得られることがあります。たとえば、ある12ヶ月の子どもは「お風呂」という単語を聞いて、お風呂場に行って、服を脱ごうとし、蛇口

をひねろうとした……というように、お風呂に関わる一連の行為を表出したという報告があります（Church, 1966）。筆者自身も、ある保育園の1歳児クラスで先生が「ごはん」といったときに、園児のDちゃんがテーブルの方にやってきて椅子に座り、ワクワクした様子で先生の方を見て待つそぶりを見せている場面に遭遇したことがあります。1歳台の子どもの場合、単語の理解が出来事と分かちがたく結びついていることが示唆されます。

　これらの状況証拠にとどまらず、もっと直接的に子どもにとってのモノ語の理解を調べて、初期の単語の意味が未分化な「胚性詞」なのかどうかを調べた研究があります（Hagihara & Sakagami, 2020；Hagihara et al., 2022）。この研究によれば、1歳半ごろの子どもたちは、「靴を履く」場面であれば「クック」という単語の意味を適切に理解できたのに、「靴を手で持って胸の前でこする」のような、モノと行為とがうまく噛み合わない場面になると、「クック」の意味がわからなくなってしまいました。つまり、「クック」という単語には〈靴〉というモノだけでなく、〈履く〉という行為の意味も分かちがたく含まれていることが示唆されたのです。一方で、2歳ごろになると、子どもはモノと行為とを別々にとらえて、「クック」は「どのように使われているか」とは関係なく、あくまでもモノとしての〈靴〉をあらわしていると理解できることが明らかになりました。

どうやって調べたの？──研究の舞台裏7

　子どもにとっての「クック」が、〈靴〉だけを意味するモノ語なのか、それとも〈靴を履く〉のように行為と結びついた未分化な胚性詞なのかを調べるためには、どのような方法を使えばよいでしょうか？　当然のことながら、子どもの頭のなかを直接のぞくことはできません。かといって、「あなたにとって『クック』とはどういう意味ですか？」と子どもにインタビューするわけにもいきません。このような場合、写真や

動画を使った選択クイズ課題がよく用いられます。

　Hagihara et al.（2022）では、2つの動画を左右に並べて同時に子どもに見せて、「クックはどっち？」のように質問し、子どもがどちらを指差したか、あるいはどちらにより長く視線を向けたかを記録しました。研究で用いられたのは、**図8-4**のような動画です。一方は「カゴをこすっている」動画、もう一方は「靴を履いている」動画です。

図8-4　「クックはどっち？」クイズ
左は「カゴをこすっている」、右は「靴を履いている」。

　もし子どもが「クック」という単語についてなにかしらの知識をもっていれば、「クックはどっち？」と尋ねられたら、きっと右側の「靴を履いている」方の動画を指差したり、見つめたりするでしょう。反対側の「カゴをこすっている」動画には、「クック」に関連する情報は含まれていないからです。実際に、1歳半の子どもでも、「靴を履いている」方の動画を正しく選ぶことができたと報告されています。

　では、**図8-5**のような動画の場合はどうでしょうか？　さきほどとはちょっと違っていて、今度は一方が「カゴを（あたかも靴であるかのように）履いている」動画、もう一方が「靴をこすっている」動画になっています。

　ちょっと変な感じがするかもしれませんが、このような動画で「クックはどっち？」と尋ねられたら、大人は百発百中で「靴をこすっている」動画を選びます。そして、2歳に近い月齢の子どもたちも同様の反

応を示します。つまり、どのように使われるかという行為の情報に惑わされることなく、モノとしての〈靴〉の情報だけから「クック」を理解できるようになっているのです。

図 8-5　ちょっとまぎらわしい「クックはどっち?」クイズ
左は「カゴを履いている」、右は「靴をこすっている」。

　ところが、1歳半ごろの子どもの場合、2つの動画のどちらを選ぶかは、およそ半々くらいの割合、つまり当てずっぽうになってしまいます。この時期の子どもたちは、〈靴を履く〉のようにモノと行為が同じ動画としてまとまっていれば「クック」の意味がわかるのに、〈靴をこする〉のように靴で変なことをしていた場合には、「クック」の意味がわからなくなってしまったのです。

　ちなみに、「カゴのことを靴だと勘違いしたんじゃない?」と思われた方もいるかもしれませんが、おそらくそうではないということもわかっています。というのも、「カゴを履いている」動画と「カゴをこすっている」動画とを左右に対提示して「クックはどっち?」と尋ねたところ、18〜23ヶ月のどの月齢でも、当てずっぽうでの選択になってしまったからです。もしカゴ = 靴だと思っていたら、このような組み合わせの場合「カゴを履いている」方を選ぶと想定されますが、実際にはそうなりませんでした。

　以上のことから、初期のモノ語の意味には〈モノ〉だけでなく〈行為〉も含まれていることが示唆されました。なお、この研究では指差し

と視線の両方の指標が用いられましたが、特に視線を使ってこのような選択クイズ課題を実施することで、まだことばを話せない赤ちゃんの単語理解についても調べることができます。視線の向きは指差しの向きと相関することが報告されているので（Hagihara et al., 2021）、指差しのような明確な選択とはちょっと質が異なりますが、視線も子どもの選択をある程度反映した指標だといえるのではないかと思われます。

このように、一見するとモノ語のように思える単語でも、最初のうちには〈行為〉も意味に含まれていて、つまりはモノ語とも行為語ともいえないような、単語の意味が未分化な時期があるようです。そして、発達に伴って単語の意味は分化していき、やがて「靴」はモノとしての〈靴〉だけを意味するようになるというように、明確なモノ語へと至ることが示唆されました。同じ単語であっても、それに対応する意味は発達に伴って変わっていくのだと考えると、語彙の発達は「わかる／わからない」、「言える／言えない」といった二分法でスパッと割り切れるものではないようです。一度わかる、あるいは言えるようになったあとにも、語彙の発達には続きがあるのです。

◆ 語彙の発達過程が大人に教えてくれること

ことばの発達を支えるという実践の視点に立ったとき、本章で紹介した知見からはどのような示唆が得られるでしょうか。ここでは、2つほど挙げてみようと思います。

ひとつめは、「ある単語に対する理解は大人と子どもとで異なるかもしれない」という心構えをもっておくことの重要性です。私たち大人にとっては、「靴」という単語はあくまでモノの名前で、行為の名前ではありません。加えて、行為を表現したいときには、「履く」という別の単語があることを知っています。一方で、単語をおぼえ始め

たばかりの、いわゆる一語発話期にある子どもたちにとっては、見か
け上はモノ語であっても、その意味にはモノ以外の行為などの要素も
分かちがたく結びついている可能性があります。お互いの単語の意味
が異なっていれば、当然やりとりのなかで齟齬が生じることもあるで
しょう。大人が「靴」としか言っていないのに、子どもは勝手におで
かけに行く気満々になってしまった、といった状況も起こりえます。
「この子にとって、この単語はどういう意味なのかな？」と注意深く
観察してみると、大人の常識とはちょっと違う、意外な発見があるか
もしれません。

　ふたつめは、子どもにとって単語の意味がどのような状態にあるか
に応じて、適切な声かけや支援の方法が異なるかもしれない、という
点です。初期には未分化でありながらも〈出来事〉全体を単語に結び
つけるのだとすれば、その出来事のまとまりを豊かに育んでいくこと
が、語彙の発達につながる可能性があります。たとえば、靴に関連す
る日々のさまざまな体験、靴を履く、脱ぐ、お散歩に行く、といった
ことの積み重ねが、のちの〈靴〉に関連する単語の習得を促すかもし
れません。つまり、「わかる事柄」「わかることば」を増やすことが、
結果的に「いえることば」の発達につながると考えられます（中川,
1986）。

　一方で、単語の意味がある程度わかってきたなと感じたら、今度は
意味の分化を促すような関わりが有効になってくるかもしれません。
たとえば、手に靴をはめたり、花瓶代わりに靴に花をさしたりといっ
た、通常とは異なる使い方をしても「これも靴なんだよ」などと伝え
ることが、モノ語としての「クック」の理解に役立つ可能性がありま
すし、そのようにモノの形と行為とを切り分けてとらえる力は、ふり
遊びなどの認知発達にも関連すると考えられます（Bigham &
Bourchier-Sutton, 2007）。あるいは、大人の発話を少し複雑にして、
「クック履こうか」といった多語文で話しかけることで、モノ語と行
為語の区別がつきやすくなる可能性も考えられます。このような考え

方は、子育てや保育などの実践の場で以前からいわれてきた、「子どもが一語発話できるようになったら二語や三語で返しましょう」（今井，1996）という提案と通じるものがあると思います。子どもが車を見て「ブーブー」と発話したときに、その単語をただ繰り返すだけでなく、「ブーブー来たね」「ブーブー通ったね、かっこよかったね」などと返すことで、「ブーブー」という単語が〈出来事〉のなかの〈車〉だけをあらわしていて、ほかの「来た」「通った」などの単語はまた別の側面をあらわしているということへの気づきを促せるかもしれません。

　いずれも推測の域を出ませんが、このように子どもにとっての意味の世界に注目しながら関わり方を考えてみると、大人の視点も豊かになるように思います。みなさんの周りの子どもたちも、きっとそれぞれ独自の意味の世界をもっているはずです。

9 モノ—行為—単語の見えない関係

―― 「ボールを投げて」はわかるのに
　　「お人形を投げて」はわからない!?

案内ボード

- 発達初期の単語は、見かけ上それがモノ語や行為語だったとしても、モノと行為の両方を含んだ未分化な意味をもつ
- モノ語の意味がモノだけに分化することは、のちの行為語の習得の土台になりうる
- モノ語の意味分化など「意味の再編成」が起こる過渡期には、子どもの言動が不安定なゆらぎを伴うことがある

◆ 絡まりあう〈モノ〉と〈行為〉

　日本語を含む多くの言語圏において、「クック」「コップ」などのモノ語（主には名詞）は、「履く」「飲む」などの行為語（主には動詞）よりも早く習得されることが知られています（Frank et al., 2021；Gentner & Boroditsky, 2001；小椋，2007；小椋ら，2016）。そのため、特に初期の語彙の発達を明らかにしようとする研究の多くは、モノ語の習得にばかり注目してきました。一方で、行為語の発達については、言語によってどのように行為を表現するのかが大きく異なっていたり、文をつくるときの中核的な役割を担うのが動詞だったりすることから、語彙単体というよりも、言語間での比較や文法の発達との関連で調べられてきました。このような背景から、モノ語と行為語の発達研究は別々に進められてきており、あまり互いに交流してこなかったという経緯があります。

　けれども、モノ語と行為語の発達には似ているところもあります。それは、意味的にモノと行為が互いにもたれあい、絡まりあってしまう場合がある、ということです。第8章で紹介したように、1歳半くらいの子どもたちにとって、「クック」や「コップ」といった単語の意味には〈履く〉〈飲む〉といった行為も含まれており、十分に〈モノ〉だけに分化していないことが報告されています（Hagihara & Sakagami, 2020；Hagihara et al., 2022a）。そのため、靴を使って靴とはまったく関係のない行為をしていると、「クック」の意味がわからなくなってしまうのでした。その後、2歳に近づくにつれて、子どもたちは行為に関係なくモノだけに注目して「クック」の意味を判断できるようになっていきます。

　このように、発達の初期には、モノ語の意味が行為に左右されてしまうことがあります（このような未分化な意味をもつ発達初期の単語を「胚性詞」と呼ぶことにします）。これと同じように、行為語の意味が〈モノ〉にしばられてしまうこともたくさんあります（むしろ、こちらの方が多くの知見の蓄積があり、よく知られています）。たとえば、「ネケる」という新しい行為語を習得するときに、幼い子どもは〈行為〉だけではなく、「何を」使ってネケっているのかという〈モノ〉の情報もいっしょに「ネケる」の意味に含めてしまうことが報告されています（Childers et al., 2020；Imai et al., 2005；Wakefield et al., 2018）。わかりやすいように実際の日本語で説明すると、たとえば「飲む」という単語の意味は、本来なら〈液体を口に入れる〉といった行為だけを指し、どんな容器を使っているかは関係ありません。コップでも、瓶でも、ペットボトルでも、ワイングラスでも、なんならおちょこや升だって、「飲む」は「飲む」です。けれども、単語を習得したばかりの子どもたちは、特定の容器（たとえばコップ）を使って飲むことだけを「飲む」と理解してしまう場合があります（**図9-1**）。モノにしばられずに、行為だけを単語の意味としてとらえられるようになるのは、早くても3歳半ごろ、状況によっては5歳ごろだとされています。

**図9-1　初期には「何を使って飲むか」も行為語「飲む」の意味に
入り込んでしまう**

　さらに、まだ話し始めない生後10ヶ月くらいの赤ちゃんでも、行為語の意味に〈モノ〉が分かちがたく結びついていることが指摘されています（Nomikou et al., 2019）。たとえば、バナナと積み木を並べて提示して「食べる」という単語を聞かせると、10ヶ月くらいの子どもたちはバナナの方をよく見たという報告があります。

　これらの知見を総合して考えると、モノ語にせよ行為語にせよ、初期には単語の意味は未分化な性質をもっていて、〈モノ〉と〈行為〉とが互いに強く結びついている時期があるようです。そして、発達に伴って単語の意味は分化し、互いに区別されるようになっていくのだと考えられます。「クック」のようなモノ語の場合は、どんな行為かに左右されることなく単語の意味を理解できるようになっていき、「履く」のような行為語の場合は、〈足にはめる〉という行為の要素だけが重要で、「どんなモノを使って」という部分は入れ替え可能であるということが理解できるようになっていきます。

◆ 文の理解にもあらわれる〈モノ〉と〈行為〉のもたれあい

　子どもの初期の単語理解において、〈モノ〉と〈行為〉とが互いに混じりあい未分化な状態になっているということは、彼らの文の理解からもうかがい知ることができます。

　たとえば、2歳の子どもが「パパをゴシゴシして」「ママをゴシゴシして」という文は理解できたのに、「帽子をゴシゴシして」という文になると理解できなかったという報告があります（Guillaume, 1927；Werner & Kaplan, 1963）。この子どもは、「帽子」という単語をモノ語としてではなく、〈帽子をかぶる〉のように未分化な意味をもつ単語として理解していたので、「ゴシゴシする」という別の行為の情報が文を理解する際にうまく噛み合わなかったのではないかと解釈されています（図9-2）。

　また、ボールと人形を子どもの目の前に置いて、「お人形さんをポーンしてごらん」のように伝えると、20ヶ月ごろまでの子どもは、〈人形を投げる〉ではなく、もっぱら〈ボールを投げる〉のように解釈したという報告もあります（瓜生, 1992）。このような子どもの反応は、「ポーンする」という行為語の初期の意味には〈ボール〉というモノの情報も含まれていたために、文を理解するときに「人形を」という部分が入り込む余地がなかったのではないか、と解釈することができるかもしれません。もう少し月齢が上がって2歳半くらいになってくると、適切に〈人形を投げる〉と理解できるようになる一方で、〈ボールを人形に投げる〉というふうに理解する場合も多く見られることも指摘されています。これは、「ポーンする」という単語の意味が、モノとしての〈ボール〉から離れて〈投げる〉という行為だけに分化していく途中の過程を反映しているのではないかと思われます。まだ十分に意味が分かれていない〈ボール〉〈投げる〉という情報に、なんとか〈人形〉という新しいモノの情報を取り入れようと子どもな

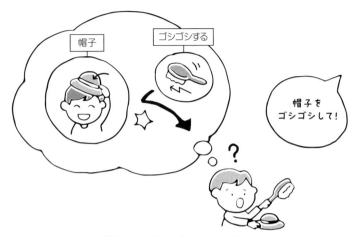

図9-2 「帽子」と「ゴシゴシする」を知っていても、
「帽子をゴシゴシして」がわかるとは限らない

「帽子」がモノとしての〈帽子〉ではなく出来事としての〈帽子をかぶる〉を意味していると、「ゴシゴシする」がうまく噛み合わなくなる。

りに工夫した結果、「お人形さんをポーンする」という文を〈お人形さんにボールを投げる〉だと理解したのかもしれません。

　単語の音の側面だけを考えれば、「帽子」「ボール」などは名詞でモノ語、「ゴシゴシする」「ポーンする」などは動詞で行為語というように分けてとらえることができます。けれども、単語の意味の側面に目を向けてみると、特に発達の初期には、〈モノ〉と〈行為〉の両方がもたれあい、重なり合っている時期があって、そのことが文の理解にも影響するようです。

　このように考えてみると、子どもたちがどのように文を理解したりつくったりできるようになっていくのかという過程は、私たち大人が抱くようなイメージとはちょっと違う流れになっているのかもしれません。文の発達過程を考えてみると、素朴には、まず個々の単語を習得して、次にそれらのパーツを組みあわせて文にして……という流れを想定しがちです。しかし、初期の単語の意味は未分化であることを

考慮すると、単語がほかの単語と組みあわさって文を構成できるようになるためには、単語の意味が十分に分化していることが必要だということになります。たとえば、「帽子」という単語が〈帽子を被る〉というモノと行為の両方を意味している状態だと、「投げる」「磨く」といった別の行為語とうまく組みあわせることは難しくなります。単語の意味が分化して、「帽子」がモノとしての〈帽子〉だけを意味するようになり、どのように使うかという行為から解放されるようになってようやく、いろいろな行為語と組みあわせることができるようになるのかもしれません。「単語のパーツができれば文がわかる」ということではなくて、単語が文のパーツとしてちゃんと機能するように、単語の意味を加工していく過程、つまり「単語をパーツにしていく」過程があるのだと思います。モノの概念やそれをあらわすモノ語は、子どもたちが早い段階から習得できるということもあり、語彙のなかでも最も基本的なパーツだと思われがちですが、実は発達のなかで加工されて初めてパーツになるという点で、むしろことばの発達のなかで子どもがつくりだす「作品」だと呼べるでしょう（Nelson, 1983）。

◆〈モノ〉と〈行為〉をセットでおぼえるのって大変じゃないの？

一見するとモノ語のように見える「靴」や「コップ」でも、初期には意味的に未分化で、〈モノ〉と〈行為〉の両方を含んでしまっているという考え方を紹介してきました。でも、〈モノ〉の概念と〈行為〉の概念とを比較したときに、「やっぱり〈モノ〉の方が簡単で、〈行為〉の方がおぼえるのが難しいんじゃない？」「〈モノ〉と〈行為〉を別々にではなく、セットにしておぼえるのって大変じゃない？」と思われた方もいらっしゃるかもしれません。実際に、なぜ行為語の方がモノ語よりも習得が遅れるのかを説明する考え方のひとつに、〈モノ〉よりも〈行為〉の方が概念をつくることが難しいからではないか、という説があります（Gentner, 1982；Gentner & Boroditsky, 2001）。

コップ　　　　　　　　　　　　　　　　飲む

図9-3　モノと行為の構成要素

形は分解しても形のままだが、行為はさまざまな異なる要素から成り立っている。

　たとえば、「コップ」というモノは、誰かに動かされない限り、基本的にはその場所に留まっていて、急に消えてなくなったりしません。一方で、「飲む」という行為は、コップを持つ→口に運ぶ→飲む→コップを置く→手を放す、というように、連続する行為のなかの一部分なので、ずっとそこにあるものではありません。やがて消えてなくなってしまううえに、一連の行為のどこからどこまでを切り出せばよいのかが一意には決まりません。コップで飲む動画をスローモーションで再生しながら、「飲む」という行為が始まった瞬間を「ここだ！」と指定するのは、大人でも容易ではないでしょう。

　さらに、コップなどのモノそれ自体は、形によって特徴づけることができ、全体的な形を部分に分解しても、また形になります（**図9-3**）。それに対して、ある行為をその構成要素に分解していくと、「誰が」「何を」「どのように使うか」といった、異なる部分から成り立っていることがわかります。「飲む」であれば、「口に含む」という行為に加えて、「飲む人」「飲むのに使うモノ」「飲まれる液体」といったさまざまな構成要素に分解することができます。その分、モノよりも行為の方が複雑な概念だといえそうです。このように、時間に沿って変化しやすいことや、構成要素が複雑であるといった事情から、子どもにとってはモノよりも行為の方が概念をつくることが難しく、その

ために行為語の習得が遅くなるのではないか、と考えられてきました。

　たしかに、〈モノ〉と〈行為〉の概念の単純さを比べてみると、〈行為〉の方が難しいように見えます。でも、だからといって幼い子どもたちが〈行為〉のことをまったく理解していないかというと、そうでもないことがわかっています。たとえば、まだことばを話せない生後10ヶ月ごろの赤ちゃんでも、誰かが日常的な行為をしている一連の場面から、行為の境界がどこにあるかを突き止められることや（Baldwin et al., 2001）、もとの行為から行為する人や行為の軌跡が変わっても、同じ行為だと認識できること（Song et al., 2016）が知られています。それに、子どもは「スプーン」と言えるようになる前から、むやみにスプーンを振り回したり落としたりするだけでなく、「食事のために使う」というスプーンの使い方をある程度理解しています（Alessandroni, 2023）（単語ではなく行為によって子どもがモノの意味を表出することは、音声に先立つ「動作による命名」と呼ばれています；岡本，1982）。加えて、子どもは1歳半ごろまでには、既にモノの「使い方」にもとづいて新しい単語を習得できるようになります（Zuniga-Montanez et al., 2021）。さらに、モノの形と使い方は相互に関連している場合が多いためか、子どもはモノの使い方を知ることで、形の情報もうまく活用できるようになることが報告されています（Ware & Booth, 2010）。

　したがって、仮に〈モノ〉の概念に比べて〈行為〉の概念の方が形成するのが難しかったとしても、語彙の発達のかなり早い段階で、〈行為〉の概念を形成する準備は既に整っているのではないかと思われます。

9

どうやって調べたの？――研究の舞台裏8

　まだことばを話せない生後10ヶ月ごろの赤ちゃんでも、日常的な行為の境界、つまりどこで行為が切り替わるのかを突き止めることができると報告されています（Baldwin et al., 2001）。この研究ではまず、「床

に落ちているタオルを大人が拾い上げる」とか「キッチンに置いてある
アイスクリームのカップを冷凍庫に持っていく」といった日常的な行為
の動画を子どもに繰り返し見せました。同じ行為の動画を何度も繰り返
し見ていると、子どもはだんだん飽きてきて、モニターをあまり見なく
なっていきます。こうしてモニターを見る時間が減ってきたころに、今
度は少し細工をほどこした2種類の動画のいずれかを子どもに見せまし
た（図9-4）。

完了時点

遂行途中

**図9-4　行為の「完了時点」か「遂行途中」かで動画を
一時停止する**

Baldwin et al.（2001）をもとに作成。

　1種類目は、たとえば「大人がタオルをつかんだ時点」など、行為が
完了するところで動画を1.5秒一時停止するというものです（図9-4
左）。一方、2種類目は、「大人がタオルを拾おうと腰をかがめている途
中」など、行為を遂行している途中のところで動画を1.5秒一時停止す
るというものです（図9-4右）。この結果、行為の完了時点で一時停止
する動画を見たときには、子どもたちは飽きたまま「はいはい、さっき
と同じやつね」といわんばかりに、モニターをあまり見ない傾向が続き
ました。ところが、行為の遂行途中で一時停止する動画を見たときには、
子どもたちは「あれっ!?」と驚いたのか、モニターを再びよく見るよう
になりました。

　このことから、10ヶ月ごろの赤ちゃんでも、「行為の境目」にあたる
部分では人間の動きは遅くなったり止まったりしがちだけれども、「行

為の途中」で同じように動きが止まるのは不自然だということを、ある
程度理解していることが示唆されました。赤ちゃん研究では、このよう
に子どもの「飽きやすい」という特性をうまく使って、子どもがモノや
行為の変化に気づくかどうかを調べる手法が広く使われています。

　また、〈モノ〉と〈行為〉を別々におぼえる方が簡単そうだという
のも実は大人の思い込みで、むしろ〈モノ〉や〈行為〉といった異な
る情報が重なりあってセットになっているからこそ、〈出来事〉とし
てのまとまりをつくりやすく、単語を習得しやすくなるのではないか、
と考えることもできるかもしれません。これに関連して、ある単語が
いろいろな意味をもっている、つまり多義的であるということが、実
は語彙の発達を助けているという主張や（Srinivasan & Rabagliati, 2021）、
見る・聞く・触れるといったいろいろな感覚がセットになっている単
語の方が早く習得されやすいといった知見（Seidl et al., 2023）が近年多
く報告されるようになってきています。このような情報の重なり合い
は、「行為に関係なく『靴』は『靴』」とか「モノに関係なく『履く』
は『履く』」というように、意味が十分に分化した単語を身につける
ことにはあまり役に立たないかもしれません。けれども、単語をおぼ
えるための最初のとっかかりをつくる際に、いろいろな情報が重なり
合って豊かな概念となることが、大切な役割を果たす可能性がありま
す。

　考えてみれば、日本語において、子どもが初期に習得する語彙の大
半は擬音語・擬態語といったいわゆるオノマトペですが、オノマトペ
にはとても豊かな多義性があります。たとえば、「ピョンピョン」は
〈ウサギ〉〈カエル〉といった動物の名前（名詞）のように解釈するこ
ともできますし、〈跳ぶ〉〈跳ねる〉といった行為の名前（動詞）のよ
うに解釈することもできます。子どもたちは、最初から〈モノ〉〈行
為〉などを個別に単語に結びつけているのではなくて、これらを合体

させたセットとして単語を学び始め、あとから意味を切り分けていくのかもしれません。

　もしこのような考え方が妥当だとすれば、子どもの語彙を増やしたいと大人が思ったときに、ボールの絵や人形の絵を見せて、「これはボールだよ！」「これはお人形さんだよ！」などと英単語のフラッシュカードのように教えていくようなやり方は、あまり効果的ではない可能性があります。そうするよりも、ボールを実際に投げたり転がしたりして遊ぶといった、ボールに関わる体験をまず豊かにして、いろいろな要素がちょっと混ぜこぜだったとしてもボールの概念そのものを育んでいくようなやり方の方が、結果的に語彙の発達につながると期待されます。

◆ 単語の意味分化は、別の語彙を習得する土台になる

　子どもにとって、初期の単語の意味はモノと行為とが未分化になった「胚性詞」になっている、という考え方をご紹介しました。このような考え方をもとに語彙の発達を考えてみると、モノ語の発達と行為語の発達との関係について、あるおもしろい可能性が見えてきます。たとえば、「クック」という単語を、〈靴を履く〉といったモノと行為のまとまりとしてとらえている子どもがいたとしましょう。この子どもにとって、単語「クック」の意味にはモノも行為も含まれているので、同じ単語を使って〈靴〉だけでなく〈履く〉という行為も表現できます。ところが、「クック」の意味が発達に伴って変化していき、〈靴〉というモノだけを意味するようになったら、どうなるでしょうか？　こうなると、もう単語「クック」で〈履く〉という行為を表現することはできません。したがって、行為を意味する新しい単語を習得する必要性に迫られます。このような状況になったときに、子どもは「履く」という新しい単語をより積極的におぼえるようになるのではないでしょうか。

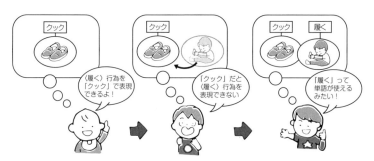

図 9-5　モノ語の意味分化は、のちの行為語の習得に影響する

　実際に、このような可能性を示唆する研究があります（Hagihara et al., 2022a）。まず、1歳半ごろの子どもに対して、「クック」や「コップ」などのモノ語の意味が、〈履く〉や〈飲む〉といった行為を含んでしまっているのか、それともモノだけに分化しているのかの度合いを調べました（具体的な方法については、第8章の「クックはどっち？」クイズを参照してください：108ページ）。そして、その2ヶ月後に、子どもの行為語の語彙数がどのくらい増えているかを調べました。もし、「クック」や「コップ」といった単語の意味がまだ行為も含んでいる状態なら、同じモノ語で行為も表現することができるので、行為語を習得する必要性はそれほど高くなく、したがって行為語の語彙数もあまり増えないのではないかと予想されます。一方で、もしモノ語の意味がモノだけに分化していたら、行為をあらわすための単語を習得する必要性はより高くなり、そのぶん行為語の語彙数も増えやすいと予想されます。これらの予想の通り、モノ語の意味がモノだけに分化していた子どもほど、その後の行為語の語彙数が増えていました。モノ語の発達は、その後の行為語の発達にも関連していたのです（**図 9-5**）。

◆　発達の過渡期でゆらぐことばの発達

　「クック」や「コップ」などの単語を理解しているように見える子

どもでも、はじめから大人と同じような理解の仕方をしているわけではありません。子どもたちの頭のなかには独自の意味の世界が広がっているようです。発達のなかで、そのような未分化な意味の世界は再編成されて、「クック」は行為とは関係なくモノとしての〈靴〉だけをあらわすのだ、というような理解へと至ります。本章の最後のトピックとして、こうした「意味の再編成」をとらえるヒントになるかもしれない興味深い現象を紹介しましょう。

　一般に、発達のなかで大きな変化が生じる過渡期には、子どもたちの言動は一時的に不安定になり、さまざまなゆらぎを伴うことが知られています（Thelen & Smith, 1994）。たとえば、語彙が急激に増える時期になると、子どもたちはモノの名前を間違えて表出しやすくなったり、指差しなどのジェスチャーをうまく組み合わせられなくなったりすると報告されています（Gershkoff-Stowe, 2001, 2002；Parladé & Iverson, 2011）。このような一見すると「エラー」に見える行動のゆらぎは、子どものモノとの関わり方においても見られます（Jiang & Rosengren, 2018；Rachwani et al., 2020）。以前の発達の状態と、新しい発達の状態とのあいだでどっちつかずになってしまうので、子どもたちの言動はそのたびごとに一貫しなくなってしまうのです。

　このような類のゆらぎのなかでも、特にモノ語の意味が分化して行為語の語彙が増え始める「意味の再編成」の時期に起こりやすい現象があります。「スケールエラー」と呼ばれる現象です（DeLoache et al., 2004）。スケールエラーとは、子どもがモノのサイズを無視して、モノに特有の行為を表出してしまうことをいいます。おもちゃのミニカーに無理やり乗り込もうとしたり、人形用のソファに無理やり座ろうとした

**図9-6　1歳後半ごろに特異的に
あらわれる「スケールエラー」**

りする例が挙げられます（**図9-6**）。スケールエラーは生後12ヶ月ごろから見られ始め（Ware et al., 2010）、1歳半過ぎくらいに最も多く観察されるようになり、2歳を超えるとだんだん見られなくなっていきます（DeLoache et al., 2004；Grzyb et al., 2019）。私も、直接自分の目で観察するまでは「本当にこんなことするの？」と半信半疑でしたが、実際に研究室で調査をしてみると、およそ半数の子どもがスケールエラーをすることがわかりましたし（Hagihara et al., 2022b）、研究によってはもっとたくさんの割合の子どもたちがスケールエラーをしたという報告もあります。子どもが大人とは異なる世界のとらえ方をしていることが鮮やかに描き出される、非常に興味深い現象です。

　そして、このスケールエラーは、語彙の発達過程のなかでも、特に行為語をはじめとする動詞の語彙が増え始める時期により起こりやすいことがわかってきています（Hagihara et al., 2022b, 2023）。さらに、動詞の語彙が増え始める時期に、「あ！　車だよ！」などとモノ語を使って子どもに声かけをすると、単に「あ！　あれを見て！」などと指示詞だけで声かけをするときよりもスケールエラーが起こりやすくなると報告されています。まるで、子どもの頭のなかで、モノ語の意味が〈モノ〉と〈行為〉の間でゆれ動いているかのようです。スケールエラーとモノ語の意味分化との直接的な関係はこれからの研究で明らかになっていくことが期待されますが、モノに対して関連する行為を（実際にはできないのに）無理やり当てはめようとするこの現象は、子どもが「意味の世界の再編成」に臨んでいる過渡期であることを反映する発達のゆらぎではないかと筆者は考えています。

　子どもは、「ことばのない世界」から一直線に「大人のことばの世界」にやってくるわけではありません。大人の目から見ると一見効率が悪く感じられたり、余計な寄り道をしているように思われたりすることもあるかもしれませんが、そのような「ゆらぎ」自体が、子どもが主体的にことばの世界に飛び込み、独自の意味の世界をつくりあげ、それを加工・再編成していることの証拠だといえます。スケールエ

9

ラーなどの不思議な子どもの言動に出合うことがもしあれば、それはみなさんが「発達の転換点」という子どもの歴史的瞬間に、まさに立ち会っているということなのかもしれませんよ！

10 ことばの発達とAI
―― 子ども理解を助けてくれるパワフルな
助っ人!?

案内ボード

- AIの研究は、発達研究の効率を高めたり、発達の新しい理解に役立ったりする
- 子どもの発達を理解することが、AIの研究の発展に寄与することもある
- 発達研究とAIの研究が協力しながら発展することは、子どもと大人の両方の暮らしを豊かにしてくれるかもしれない

◆ AIはことばの発達研究のパワフルな助っ人

ことばの発達を研究していくうえで、近年ますます関連が深くなってきている別の研究領域があります。AI（Artificial Intelligence）、すなわち人工知能の研究です。AIの発展は、私たちの生活とも密接に関わっています。自動翻訳、音声認識して文字起こしをしてくれるツール、顔認証や自動車のナンバープレート認証など、例を挙げたらキリがありません。最近だと、ChatGPT（OpenAI, n.d.）に代表される、いわゆる生成系AIや大規模言語モデルが一躍話題になりました。

ことばの発達、あるいはもっと広く発達心理学全般に関わる研究のなかには、AIに深く関わっているものがたくさんあります。というのも、子どもの発達を調べるときに、AIの技術がとても役に立ったり、反対に、発達に関する謎を解明することがAIの発展に寄与したりする場合があるからです。これから紹介するように、子どもにとっ

てのことばの世界を明らかにすることや、大人とは異なる子ども独自
の世界のとらえ方を研究する際に、AI 研究はとてもパワフルな助っ
人になってくれます。ということで、本章では、ことばの発達研究が
AI 研究とどのようにつながっているのかについてみていきましょう。

◆ AI の手も借りたい！　研究の効率アップを手伝う AI

　AI は子どもの発達研究をどのように助けてくれるのでしょうか？
大まかに分けると、もともと人の手でやっていたことを自動化して、
研究の効率を大幅に向上させてくれる「効率アップのための AI」と、
発達のなかで見られるさまざまな現象について、従来とは異なるやり
方で整理・可視化したり筋道を立てたりしてくれる「発達の新しい理
解のための AI」という 2 つの側面があると思われます。前者を
「ツール」としての AI、後者を「モデル」としての AI といってもよ
いかもしれません（Rehg et al., 2023）。
　まずは前者の「効率アップのための AI」という観点から紹介して
いきましょう。ことばの発達研究には、子どもに動画や音声を見聞き
してもらい、そのときの反応を調べるといった方法だけでなく、子ど
もが実際にやりとりのなかでどのようにモノや他者と関わっているの
かを調べる方法もあります（**図10-1**）。特に近年では、子どもにカメ
ラ付きの帽子を被せるなど、装着型の小型デバイスを使って研究室や
家庭でデータを収集し、子どもが実際に見ている景色や聞いている発
話をまるごと記録してしまおうという研究が増えています。なかには
家庭での様子を 1 日に何時間、あるいは数年かけて記録する研究もあ
り、そうやって集めたデータを分析することで、これまで通説とされ
てきた発達の見方に対して「実際にはこうかもしれないよ？」と疑問
を投げかけるような知見が報告されることもあります。たとえば、視
線や口元といった他者の顔に含まれる情報は、乳児期において非常に
重要だとされてきましたが、子どもの実際の視覚体験を調べてみると、

図10-1　モニターに映る視聴覚刺激を使って子どもの発達を調べる方法（左）と、やりとり場面から子どもの発達を調べる方法（右）

　子どもの視野に他者の顔が映る頻度は生後2年間の間に実は徐々に低くなっていって、代わりに他者の手が視野に映る頻度が高くなっていくという報告があります（Fausey et al., 2016）。赤ちゃんは、顔から得られる情報よりも、たとえばモノを使うといった手から得られる情報の方を少しずつ重視するようになるということかもしれません。

　でも、大量のビデオデータや音声データから、たとえば人の顔や手、道具やおもちゃといった情報を抽出するのは途方に暮れてしまうほど大変です。私自身も、カメラを最大で5台同時に稼働して親子遊びのデータを収集したことがありますが、そのあとに大人の発話の文字起こしや、話し始め・終わりのタイミング、ブラシで「こする」などの行為の開始・終了のタイミングなどを記録していった結果、研究費が許す限りの人海戦術で進めたにもかかわらず、2年以上経った今もまだ分析が終わっていません……。

　このように、大量のビデオデータや音声データから特定の情報を抽出する際に、AI の技術が役に立つことがあります。たとえば、写真やビデオから人間の骨格のおおよその位置を自動で推定してくれる OpenPose（Cao et al., 2017）という手法を用いて、子どもの視野のなかに他者の顔や身体がどのくらいの頻度であらわれるのかを分析した研究があります（Long et al., 2022）（**図10-2**）。また、帽子や靴、コップなど特定のモノが写真やビデオのどこにあるかを自動で推定してくれ

10

図10-2　映像から人間の姿勢を自動推定する

る YOLO（Redmon et al., 2016）という手法を使って、子どもの視野に映る日用品、道具、おもちゃなどを抽出して分析した研究もあります（Bambach et al., 2018）。どのくらいの正確性を求めるかにもよりますが、このように AI を援用した自動化手法を用いることで、人間の手で記録しようとするととんでもなく時間を要するような作業でも、短時間で効率よく実施することができます。そうすることで、子どもの「生の体験」（特に視覚や聴覚での体験）を、より大規模に、かつ正確に研究できるようになります。

　そのほか、モニターに写真や動画を映し出して子どもの反応を調べるような研究でも、AI の力が発揮されるシチュエーションがあります。たとえば、ウェブカメラなどで撮影した子どもの視線の情報から、子どもがモニターのどこを見ているかを自動で推定するといった場合です。このことについて詳しくお話しする前に、一般的な発達研究への参加方法について少しお話ししておきましょう。

　このような研究の場合、大学などにある多くの発達研究室では、視線計測装置（いわゆるアイトラッカー）を使って、子どもがモニターのどこを見ているかを調べます。けれども、この方法では、子どもに保護者の方といっしょに大学に赴いてもらう必要があるので、日中に時間があって、かつ近隣に発達研究室があるご家庭の方しか研究に参加できません。そのため、たとえばフルタイムで働いていて日中に時間がとれなかったり、大学にアクセスしにくい場所に住んでいたりすると、たとえ研究に参加してみたいと思ってもその機会がない、という

図 10 - 3　Lookit（ルキット）のウェブサイト
Lookit は、米国を中心にオンライン赤ちゃん研究のプラットフォームとして広く利用されている。日本語版の開発も進められている（https://lookit.mit.edu/ja/）。

ことになってしまいます。

　このような状況に対して、もっといろいろなご家庭の子どもたちに発達研究に参加してほしいという研究者側の思いもあって、家庭にいながら発達の研究・調査に参加できるような仕組みづくりが国際的に進められています。代表的なものに、米国マサチューセッツ工科大学の発達研究室が運営している Lookit（ルキット）というプラットフォームがあります（**図10 - 3**）。このプラットフォームでは、おうちにあるパソコンやタブレットから専用ウェブサイトにアクセスすることで、赤ちゃんや子どもを対象とする研究に参加することができます（Lookit, n.d.；Scott et al., 2017；Scott & Schulz, 2017；Sheskin et al., 2020）。Lookit は日本語版の開発も進められているので（萩原ら，2024）、もしお子さんをおもちの方で発達研究がどんなものか体験してみたいという方がいらっしゃったら、ぜひ登録を検討してみてください！

　さて、前置きがちょっと長くなってしまいましたが、オンライン発達研究の場合、各家庭で撮影されたウェブカメラのビデオデータをもとに、たとえば子どもがモニターに映っている「左側の写真」と「右側の写真」のどちらを見ていたか、といった視線の情報を抽出することになります。研究室にあるような視線計測装置は使えないので、こ

10

の作業は基本的に人手で実施することになります。「左を見た」「右を見た」といった程度なら簡単そうに聞こえるかもしれませんが、これがなかなか大変で、人手での記録には実際の録画時間の少なくとも数倍以上の時間がかかります（Erel et al., 2022, 2023；Friend & Keplinger, 2008；Venker et al., 2020）。

　そこで、AI の画像認識の手法を活用して、ウェブカメラの映像から子どもの視線の向きを自動推定するような手法が提案されるようになってきました（Chouinard et al., 2019；Erel et al., 2022, 2023）。ただ、現状の手法は、たとえば子どもがウェブカメラの視野の真ん中にいなかったり、光が横や後ろから当たっていて顔に影ができてしまったりした場合には精度が下がってしまうと報告されているので（Hagihara et al., 2023）、今後のさらなる改良が期待されています。

◆ 発達の新たな理解に役立つ AI

　研究者側の負担を減らして、効率よくたくさんのデータを扱えるようにするという活用法にとどまらず、AI は発達の新しい見方を提示するのに役立つこともあります。ここでは、2つほど例をご紹介しましょう。

　ひとつめは、一見不利に見える乳幼児期の特質が、実はのちの発達において重要な意義をもつかもしれないという知見が、AI の研究手法を使うことで明らかになってきたというものです。たとえば、生まれたときの赤ちゃんの視力は低く、視野がぼやっとしていることが知られており、発達のなかで徐々にくっきり明確に見えるようになっていきます（Courage & Adams, 1990）。この「初期には視力が低い」という発達の特徴が、単に「子どもの未熟さ」をあらわしているのか、それとも「急がば回れ」のように、遠回りに見えて実はあとの発達に役立つような秘密をもっているのかを調べたコンピュータシミュレーションの研究があります（Vogelsang et al., 2018）。この研究では、顔を

識別するという AI モデルを訓練するときに、最初からずっと鮮明な顔画像を使う、つまりずっと大人のような見え方で発達する場合よりも、赤ちゃんの発達と同じように、最初はぼやけた顔画像を使って、あとから鮮明な顔画像に変えながら訓練した方が、顔の識別精度が高くなったと報告されています。ぼやけた顔画像から先に学習することで、目や口といった局所的な情報にとらわれにくくなり、結果的に顔全体がもつ特徴をとらえやすくなったのかもしれません。

　視覚だけでなく、聴覚の情報処理でも同じような知見が報告されています。赤ちゃんが胎内にいるときに聴いている音声情報は、声のリズムや調子の変化といった、限定的でぼやっとしたものだといわれています（針生, 2019）。たしかに、大人の私たちでも、水のなかにいたら誰かに話しかけられてもよく聞き取れないですよね。でも、このような制限された情報に先に馴染んでおくことで、声の調子やリズムから相手の感情を推測することがより上手にできるようになることが指摘されています（Vogelsang et al., 2023）。視覚にしても聴覚にしても、「最初は情報がぼやけている」ということは、発達にとって足かせや不利な点になっているのではなく、むしろ発達に有利な状況をもたらしている可能性が示唆されたのです。

　また、乳幼児期の子どもは、大人の目にはしょっちゅう「失敗」や「間違い」をおかしているように見えますが、このような「失敗してもへっちゃら」という傾向も、発達するうえで重要な意義をもっている可能性が指摘されています。本書でもこれまでの章で、子どもの「失敗」や「間違い」はあくまで大人目線での判断で、実際には、子どもがことばのルールを発見する過程や、「発達の転換点」に差しかかっていることを示すとても興味深い現象なんですよ、ということを強調してきました。ことばの発達に限らず、子どもはハイハイで上手に前に進めない、スプーンを食べるために使わずに握り回したり落としたりする、歩こうとして転びまくっているなど、たくさんの「失敗」や「間違い」をしているように見えます。ロボットシミュレー

10

ションを使って赤ちゃんの歩行発達を調べた最近の研究では、「失敗してもへっちゃら」といった、失敗に対する「ペナルティ」が非常に低い状態（転んでも痛くないとか、怒られないとか、傷つかないといった感覚をイメージしてもらうとわかりやすいでしょうか）は、新しいスキルを身につける際に非常に有利にはたらくことが指摘されています（Ossmy et al., 2023）。もう少し具体的にいうと、失敗に対する「ペナルティ」が大きいときよりも、小さいかあるいはまったくないときの方が、ロボットの歩行学習の成績が高く、また見慣れない歩行場面への応用もうまくいきやすかったというのです。

　このことは、子育てや保育・教育・療育においても重要な示唆をもたらすかもしれません。「失敗や間違いが怖くない」という心理的にも物理的にも安全安心の状況をつくることが、特に子どもが新しいことを学ぶときには重要なポイントになる可能性があります。そうは言ってもついつい叱ってしまったり、子どもの方も痛くて泣いてしまったりすることもあるかもしれませんが、少なくともこのような研究は、私たち大人側が「子どもの失敗をどのようにとらえるか」という視点を豊かにしてくれるように思います。

　ふたつめの例は、子どもの発達過程や、発達に関わる環境側の要因の整理や可視化に、AIの手法が役に立つというものです。たとえば、子どもの語彙の発達には個人差があり、おおまかにはモノ語を中心に単語をおぼえていくタイプと、行為語や対人的な語、決まり文句などの単語やフレーズから語彙を増やしていくタイプとに大別されることが1970年代ごろから指摘されていました（Nelson, 1973；Peters, 1977）。このような知見の多くは、子どもの発話をつぶさに観察するような日誌的な研究がベースになっています。これに対して、大量の語彙チェックリストのデータを使った機械学習の研究で、語彙発達の経路の多様性がどのように特徴づけられるのかを定量的に「見える」化しようという試みがなされています（萩原ら，2023）。このような研究によって、実際に子どもの初期の語彙発達の経路が、「モノ語優位ルー

ト」と「行為語優位ルート」に大別できる可能性が示唆されたり、語彙発達の時期によって、どのような個人差がどの程度生じやすいのかを数値で示したりできるようになってきました。

どうやって調べたの？——研究の舞台裏9

　子どもの語彙を調べる方法のひとつに、語彙チェックリストを用いるものがあります。この方法では、数百程度の単語リストを保護者に提示して、子どもが「言える」単語にチェックをつけてもらうといった手続きでデータを収集します。このようにして集められたデータの一部は、Wordbank というオープンデータベース（Frank et al., 2016；Wordbank, n.d.）上で公開されていて、たとえばアメリカ英語の場合だと12,000件以上もの子どもの語彙データが蓄積されています（2023年12月現在）。

　数百もの単語リストが何千人分または何万人分もあると、それをただ眺めているだけでは情報の多さに圧倒されるだけで、発達の軌跡や特徴を見出すことはできません。素朴には、品詞ごとに「名詞の語彙」「動詞の語彙」などと分類して語彙数を集計する方法などが考えられますが、第8章や第9章でお話ししたように、このような分類は大人の思い込みに頼った方法になってしまう可能性があるので、発達の重要な側面を見落としてしまうかもしれません。そこで、変分オートエンコーダー（Kingma & Welling, 2013；Rezende et al., 2014）という機械学習の一手法を使って、語彙チェックリストのデータがもつ情報をそのままギュギュッと圧縮して可視化することを試みた研究があります（萩原ら, 2023）。この研究には、アメリカ英語の語彙チェックリストのデータ5,520件分が用いられました。**図10-4**は、その結果として得られた語彙発達の軌跡図です。図中のデータ点は、基本的に子どもひとりひとりを示していて、等高線の部分は各座標での子どもの総表出語彙数、つまり語彙チェックリストで「言える」とみなされた単語が全部で何語あるかの推定値を示しています。

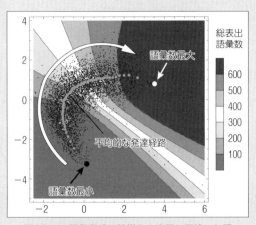

図10-4　語彙発達の特徴を2次元に圧縮した図

萩原ら（2023）をもとに作成。

　詳細に立ち入ることは控えますが、この図のなかで子どもの語彙発達は左下の「語彙数最小」の点からスタートし、原則として時計回りにぐるっと回って、最終的に右上の「語彙数最大」の点へと至るような軌跡を描きます。各データはクロワッサンのような形に分布していますが、その中央を通る太い線は、平均的な語彙の発達経路を示しています。

　この手法を用いると、総合的な語彙数だけでなく、特定の種類の単語セットやさらには個々の単語についても、「どのくらい表出する可能性があるか」の確率を見積もって等高線を描くことができます。試しに、「動物の名前」（＝モノ語）と「行為の名前」（＝行為語）で等高線を描いてみたものを**図10-5**に示します。クロワッサンの形は左右とも同じですが、等高線の位置が異なることに注目してください。等高線の配置からわかるように、どの座標にいるかによって、「動物の名前」や「行為の名前」をどのくらい表出できるかが変わってきます。わかりやすいように、総表出語彙数がチェックリストのおよそ中央程度、330～350語程度になるラインに太線が引いてあります。

　ここで興味深いのは、クロワッサンのような形の語彙発達の経路のう

ち、外側を通るのか内側を通るのかで、全体の語彙数が同じ程度でも、その内訳が異なってくるということです。外回りルート（濃い矢印）で語彙を増やしていく子どもたちは、総語彙数が330〜350語になるあいだに、動物の名前は平均として75％以上言えるようになっていますが、行為の名前を言える平均的な確率はまだ50％以下にとどまっています。それに対して、内回りルート（薄い矢印）で語彙を増やしていく子どもたちの場合、同程度の語彙数に至るころには、動物の名前は平均して50％以下しか言えないのに対して、行為の名前を言える平均確率は50％を超えています。

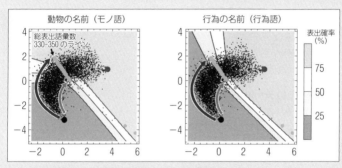

図10-5 「動物の名前」（左）と「行為の名前」（右）の
「言える」確率の等高線

萩原ら（2023）をもとに作成。

したがって、特に全体の語彙数が小さいときには、外回りはいわゆる「モノ語優位」な語彙発達のルート、内回りは「行為語優位」な語彙発達のルートを示していると考えられます。子どもの語彙発達の軌跡を新しいやり方で描き出すこのような手法は、発達の個人差や発達経路の多様性を調べる際の有用なアプローチになると期待されます。

また、AI モデルを訓練するときの学習スタイルの分類に沿って、子どもがことばの発達のなかで大人から受け取るフィードバックを分

類しようという試みも提案されています（Tsuji et al., 2021）。たとえば、子どもの「ワンワン」という発話に対して「ちがうよ、あれはニャンニャンだよ」と正解を教えるような大人の声かけもあれば、「かわいいね」とポジティブな印象を伝えるだけで、特に正解や不正解には言及しない大人の声かけもあります。AI モデルの訓練に置き換えると、正解や不正解を明示的に伝えるフィードバックの与え方はいわゆる「教師有り学習」に、単なる励ましだけを伝えるフィードバックはいわゆる「強化学習」に相当する、というように考えます。このような視点で大人の声かけを分類することで、子どもたちが日常生活のなかでどのようなタイプのフィードバックをどの程度受け取っているのか、それがどのようなタイプの学習を駆動しうるのかを整理してみよう、という試みが進められているのです。

◆ 発達研究も AI を助ける!?

　AI と子どもをそのまま同じように語ることはもちろんできませんが、どちらも「新しいことを学んで発達する」という点では似通った側面があります。そのため、AI モデルの訓練過程と子どもの発達過程とを比較することは、ときとして AI の研究をさらに推し進めることにもつながります。

　たとえば、子どもが情報を取り込むときの特徴（ぼやっとした曖昧な情報から鮮明な情報へと変化していくなど）をなぞることで、AI の能力が向上する可能性が期待されます。実際に、子どもの視野から得られたモノの画像データを使った方が、大人の視野から得られた同じ場面でのモノの画像データを使うよりも、AI モデルのモノの識別力が向上したことが報告されています（Bambach et al., 2018）。子どもの経験をなぞるように AI モデルを訓練することで、より精度の高いモデルを開発できるかもしれません。

　また、ChatGPT に代表されるように、最新の大規模言語モデルの

性能には目を見張るものがありますが、一方で、このように高性能の言語モデルをつくるためには大量の訓練データが必要となります。けれども、子どもは AI よりもずっと少ないデータ量だけで、ことばの巧みな使い手になることが指摘されています（Frank, 2023）。そのため、子どもがどのようにことばを身につけていくのかという発達過程を明らかにしていくことは、AI 言語モデルの発展にも寄与する可能性があります。

　今後、子どもの発達研究と AI 研究との間ではさらに相互交流が深まっていくと思われます。そうやって、異なる研究分野同士が互いに手を取り合いながら発展していくことで、子どもの発達の理解がさらに更新されたり、AI に囲まれた私たちの暮らしがさらに豊かになったりするかもしれません。新しい技術が登場すると、私たち大人はついつい身構えてあれこれと不安になってしまいがちです。けれども、子どもたちから見れば、世界のほとんどは真新しいことで溢れかえっています。主体的に世界と関わるなかで、子どもたちは自分なりの世界のとらえ方を確立し、修正していくのです。私自身ちょっと不安もありますが、AI 技術の発展は、大人が自分の世界のとらえ方を更新できる新しい機会だと考えることもできるのではないかと思います。私たち大人にとって子どもは、どうやって新しい世界に向き合っていくのかを教えてくれる最も身近な先生なのかもしれません。

10

ことばの発達についてもっと学びたい方への読書案内

　このコラムでは、ことばの発達についてもっと学びたいという方のために、いくつかの観点に沿って、比較的新しい書籍を数冊ずつ紹介していきます（本当はもっとたくさん紹介したい本があったのですが……）。筆者のおすすめポイントもつけましたので、ぜひ参考にしてみてください！　なお、このコラムで紹介する書籍のリストは、左のQRコードからも閲覧できます。

（文献リストのQRコード）

もっと体系的・網羅的に言語発達について学びたい！

・小林春美・佐々木正人（編）（2008）. **新・子どもたちの言語獲得**. 大修館書店.

　筆者が学生のころに何度も読んだ本です。言語発達の理論的な動向がわかりやすく解説してあるので、学説史に興味がある方には特におすすめします。また、言語発達研究のなかでは見過ごされがちだった観点、たとえばジェスチャーや手話、助詞の発達についても詳しく記載されており、言語発達研究の奥深さに触れることができます。

・岩立志津夫・小椋たみ子（編）（2017）. **よくわかる言語発達 改訂新版**. ミネルヴァ書房.

　いわずと知れた言語発達の教科書です。30名もの専門家が執筆に携わっており、言語発達や言語進化、言語の障害についてかなり網羅的に学ぶことができます。見開き1〜2ページでトピックが完結するので非常に読みやすく、初学者向けの教科書でありながら、専門家にとっても

読みごたえのある一冊になっています。

・岩田一成・岩崎淳也（編）（2022）．**言語学・言語発達学**．メジカル
　ビュー社．
　リハビリテーション専門職のための教科書で、胎児期・新生児期から
学童期までのことばの発達について体系的かつ網羅的に学ぶことができ
ます。臨床との接点を意識して執筆されており、イラストが豊富（しか
もオールカラー！）なので、文字ばかりだとなかなか頭に入ってこない
という方に特におすすめします。

もっと知的好奇心をくすぐる本を読みたい！

・今井むつみ・針生悦子（2014）．**言葉をおぼえるしくみ**．筑摩書房．
　筆者を言語発達研究の道に誘ってくれた1冊と言っても過言ではあり
ません！　子どもたちがどのように世界とことばを結びつけていくのか、
その方法が母語や年齢によってどのように異なるのかなどの問いをめ
ぐって、ワクワクする探究の旅を楽しむことができます。文献リストも
非常に充実しており、一般書ながら今でも論文を書くときに参照するこ
とがあります。

・広瀬友紀（2022）．**子どもに学ぶ言葉の認知科学**．筑摩書房．
　「大人の視点からみると『間違い』になってしまうような子どもの発
話にこそ、言語発達の謎を解明する鍵が隠されている」というスタンス
が貫かれている、とても素敵な1冊です。随所にあらわれる広瀬先生の
ツッコミに、思わずクスっと笑ってしまいます。関連本『ちいさい言語
学者の冒険』（2017，岩波書店）と併せて読むと、子どもの姿がより鮮
やかに思い浮かぶかもしれません。

・今井むつみ・秋田喜美ら（2022）．**発達172：子どものことば、再発見！**．ミネルヴァ書房．

　子どもの発達を扱った季刊誌の、言語発達についての特集号です。ベテランから若手まで、研究者・実践家がそれぞれの切り口から子どものことばに向き合います。最新の研究や実践の動向を知る上でも非常に勉強になりますし、各執筆者の思いも伝わってきます。数ページのなかに各トピックのエッセンスがギュッと詰まっているので、時間のない方でも手に取りやすい本だと思います。

もっと実践向けの本を読みたい！

・中川信子（監修）（2006）．**ことばの遅れのすべてがわかる本**．講談社．

　ことばの発達の遅れや凸凹について、ポイントを絞り、かつ具体的に対応を紹介しています。「原因探しより、対応が大事」「ことばを教える前に、心と体を育てよう」など、ことばの発達支援において重要な視点をわかりやすく、標語的に伝えてくれるので、「うちの子は大丈夫かな……」と不安に感じている保護者の方にもストンと腑に落ちる箇所が多いのではないかと思います。

・大伴潔・綿野香・森岡典子（編著）（2021）．**人とのかかわりで育つ言語・コミュニケーションへのアプローチ**．学苑社．

　発達の時期や障害種別に応じた支援のエッセンスをギュッと凝縮し、網羅的に紹介した書籍です。園や学校といった現場の違いに応じて、支援の組み立て方についてのヒントをくれる、とてもバランスの良い1冊だと感じました。保護者というよりも専門職向けの書籍ではありますが、平易な文章で書かれているので立場を問わず手に取りやすいと思います。

・寺田奈々（2022）. **0〜4歳 ことばをひきだす親子あそび**. 小学館.

　障害の有無を問わず、子どものことばを引き出す関わり方についてたくさんのアイディアを紹介している本です。イラストが豊富で、とても具体的に遊びや声かけの仕方が紹介されており、すぐに取り組むことができます。言語発達のマイルストーン名がおもしろく、「あーうー期」や「スラスラ期」など、直感的にわかりやすい表現が用いられています。

2

ツアー3

ひらかれた
ことばの発達研究を目指して

11 対談①
——ことばの発達と実践

　子どもたちは、ことばに限らず、さまざまな力を同時に発達させていきます。「発達する」という子どもの姿の変化は、家庭や保育園・幼稚園・こども園・療育施設など、まさに子どもが日常を過ごす実践の場で起こります。この対談では、保育士・幼稚園教諭の楢﨑雅さんをゲストにお迎えして、ことばの発達をめぐる研究と実践との接点を探っていきます。

ゲスト：楢﨑　雅（ならざき・みやび）

社会福祉法人摩耶福祉会幼保連携型認定こども園るんびにこどもえん園長。保育士、幼稚園教諭二種、自閉症スペクトラム支援士、調理師などの資格を保有。日本赤ちゃん学会評議員・保育実践科学部会副総括、元・精華女子短期大学非常勤講師。福岡県糸島市にて、多様な発達状況にある子どもたちが本人のペースで園生活を送ることができるような取り組みを展開している。最近の関心は「ゆるっとしたインクルーシブ保育環境」の模索。

◆ 「正しい」ことばを教えなければいけない？

萩原：この本では「ことばの発達」というトピックを扱っていますが、

ひとくちにことばといっても、そこにはいろいろな要素が詰まっています。保育園や幼稚園、こども園の先生方は、「ことば」と聞くとどういうイメージをもたれるんでしょうか？

楢﨑：園によって違うかもしれませんが、素朴にはやっぱり語彙数とか、ことばによる伝え合いといった切り口でことばをとらえる傾向があるかなと思います。たとえば「ことばが出る／出ない」とか、「ことばを何個知っているか」とか、「適切なことばづかいができるか」といった良し悪しの判断に重きが置かれがちになることもあります。個人的には、もっと楽しむとか、不思議だね、何が起こっているんだろうといった視点でことばをとらえてもいいんじゃないかとも思うんですけれど……。

萩原：子どもたちにしっかりとことばを教えなければいけない、みたいな感じになるんですか？

楢﨑：そういう印象です。それってすごくもったいないなと思って。たとえば子どもって、わかっていてあえて違う言い方をしてみることもあるじゃないですか。「シートベルト」という単語は知っているけど、わざと「シーベルト」って言うとか。そんなときに、安易に「シートベルトでしょ！」と言って怒っちゃったり、正しく言い直させようとしたりする現場の先生もいらっしゃるように思います。よかれと思って。

　でも、今回萩原さんの原稿を読んでいて、もしかしたら子どもたちが頭のなかで繰り広げているいろいろな冒険を、そういう関わりが邪魔しちゃっているかもしれないと感じました。もちろん、よかれと思って正しい行動をしようということ自体はすごく素敵な心がけだし、それだけ責任感をもってやっていらっしゃるということかもしれないですが。

萩原：ことばの発達の道筋を考えたときに、大人の目線で見ると正解や不正解があるかもしれないけれども、不正解や間違いに見えることでも、実は子どもにとって意味があったり、発達の大切な通過点だっ

図11-1　子どもの言動をひとまず観察してみる

たりするんですよね。そういうとらえ方を知っていると、子どものことばをおもしろがったり、反射的に間違いを正そうとする前に、一瞬立ち止まって「何が起こっているんだろう？」とひとまず観察したりできて、大人の側の関わりにちょっとゆとりが出てくることもあると思うんです（**図11-1**）。

楢﨑：それ、とっても大事だと思います。やっぱり現場の先生や保護者の方って、本当に余裕がないというか、忙しいんですよね。加えて、何か正しいことをさせてあげなきゃと思い詰めてしまって、さらにしんどい思いをされている方もいる。この前たまたま見たドラマで、「子どもが自分の成績表だと思ってしまう」という親御さんの発言があって、あぁ……と思ったんですよね。

萩原：子どもがいい子に育っていたら、自分はいい親だというふうに思ってもらえるということでしょうか。

楢﨑：そうです。そうやって、ことばの場合だとたとえば早くしゃべれるようになるとか、何歳なのにこんなに難しい単語を知っているとか、説明する力が高いといった、要するに大人から見てわかりやすい判断基準で子どもをとらえてしまう。子どもにとっても、親や先生と

いった大人にとっても、窮屈でしんどい判断基準だと思います。

萩原：そういう状況に対して、大人に少しでもゆとりをもってもらったり、子どもの見方を広げたりすることに、もしかしたら私たち「発達の基礎研究者」がお役に立てるかもしれません。発達研究者という職業は一般的に、現場の先生方とは違って日々子どもを預かる仕事ではありません。そのため「子どもの日々の姿を知らない」と批判されることもありますが、一方で「正しく育てる」というようなプレッシャーからはある意味免除されているというか、子どもに関わる仕事でありながら、子どもとちょっと距離感があるという、不思議な立ち位置にいると思います。

　一方で、研究者には別のプレッシャーがあって、自分の研究が子どもの見方や発達のとらえ方、いわゆる通説をどのように更新したり乗り越えたりできるかといったことを、科学的に示すことが要求されます。そういう視点で子どもを見ているので、正しいとか間違っているとかの価値判断はいったん置いておいて、ひとまず「何が起こっているんだろう？」「あれ？　大人とはなにか違うぞ!?」とおもしろがってみるところからスタートするんです。いわゆる「賢い子ども」を育てることには役に立たないかもしれないけれど、でも子どもを見るときに、こういうふうに見たらおもしろいんじゃないかとか、不思議な行動にはこういう意味があるかもしれませんよといった提案ができることもあります。発達の基礎研究者がそういう視点を共有することで、現場の先生方や子育て真っ只中の親御さんがちょっとでも肩の荷を下ろせるというか、プレッシャーから少し解放されてほっとできるんだとしたら、それは私たち研究者が社会のなかで担えるとても重要な役割なんじゃないかと思いました。

楢﨑：基礎研究者の方々と一緒に楽しむ、不思議がるというような考え方がもっとクローズアップされて、実践の現場にも広がったらいいのに！と思います。良し悪しの判断が必要な場面もあるかもしれないけれど、もっと楽しんだって大丈夫だし、むしろその方が子どもも

びのびと発達するんだということがわかれば、保護者の方も肩の荷が下りる気がします。保護者の方の肩の荷が下りたら、私たち保育や幼児教育の専門家にもゆとりが生まれますし。研究者と現場とのコラボレーションがもっと広がることで、子どもの生活そのものが豊かになるんじゃないかなと思います。

萩原：基礎研究者はもしかしたら、自分たちの研究がそういう意味で役に立つかもしれないということをあまり想定していないかもしれません。これって、けっこう大事な指摘だと思うんです。研究者の場合、自分の研究が直接的に子育てや保育・教育などに寄与するという意味での「役に立つ」ということは考えていると思うんですが、基礎寄りの研究になればなるほど、それが難しくなるジレンマがあります。

　たとえば、スケールエラーという、1歳後半の子どもがミニカーに無理やり乗り込もうとしたり、お人形の靴をなんとか履こうとしたりする現象があるんですが（DeLoache et al., 2004）、それがいったい子育てや教育のなかで何の役に立つの？と言われると、なかなか厳しいところがあります。でも、こういう不思議な発達の現象があって、そのときに子どもの頭のなかでいったい何が起こっているんだろう？と想像したりおもしろがったりしてみるという、そういう視点のもち方自体が、子どもや子どもを取り巻く大人たちが切羽詰まることなくゆとりをもって過ごすことに役立つかもしれない。

楢﨑：大事です。私が基礎研究推しだということもあるかもしれませんが（笑）。

◆ 研究者と実践家がつながるには？

萩原：楢﨑さんは、たとえば日本赤ちゃん学会（日本赤ちゃん学会、n.d.）などを通して研究者、しかも応用というよりも基礎寄りの研究者と積極的に交流されていますよね。そういう現場の先生ってけっこう珍しい気がします。

楢﨑：どうなんでしょう。言われてみれば、保育士や幼稚園教諭の養成校にいる先生方と一緒に、応用的な視点から共同研究しているという園の話はたまに耳にすることがあります。でも、基礎研究者とつながっているというのはたしかにあまりないかもしれません。

萩原：もともとどういうきっかけがあって基礎研究者とつながることになったんですか？

楢﨑：日本赤ちゃん学会が保育現場をすごく大切にしてくれる、ひらかれた学会だったという背景が大きいと思います。学会の創設メンバーのお一人で、2019年にお亡くなりになった同志社大学赤ちゃん学研究センターの小西行郎先生が「保育に役立つ研究をしなさい」と強くおっしゃっていたこともあって、学会に参加するようになり、ラウンドテーブルなどの企画も毎年出させてもらっていました。

　保育や幼児教育って、基本的には公的な資金が投入されていて、公立でなかったとしても、じゃあ完全に民間かというとそうでもなく、ちょうどその中間ぐらいの位置づけになると思うんです。国として、子どもの人数に対して職員が何人必要とか、施設の面積といったルールが定められています。さらに、保育や教育の在り方についても、保育所保育指針（厚生労働省，2017）や幼稚園教育要領（文部科学省，2017）、幼保連携型認定こども園教育・保育要領（内閣府・文部科学省・厚生労働省，2017）といったガイドラインがあって。そういうルールや指針は、専門的な委員会での議論や研究結果がベースになって作成されますが、じゃあ現場の人たちはただ国からトップダウンで新しいルールや指針が出るのを待つだけでいいのかなと思ったときに、現場としても子どもたちに還元できることをやりたいなと思いました。それで、研究者や企業の方々など、子どもに対して異なるアプローチをしている人たちとの連携を深めるような企画を、学会でやるようになったんです。子どもにベクトルが向いているという意味では同じなのに、分断されているのはもったいないと感じて。それが基礎研究者とつながる接点になったのかなと思います。

萩原：基礎研究者と現場の先生方って、もちろんどちらも子どもに向き合う仕事ではあるけれども、やっぱりつながるのにはけっこうハードルがあるというか、難しい側面もあるなと感じることがあります。子どもの見方が違うこともあるし、日常的に使っている語彙もけっこう違うじゃないですか。加えて、子どもと向き合うときのモチベーションも違いますよね。研究者にもよるとは思いますが、基礎研究を生業にしている場合は特に、子どもを科学的にとらえたいという研究者が多い。もちろん自分の研究が子どもの成長や発達の役に立てばいいなと考える一方で、もっと根源的には「人間とは何か」ということが知りたくて、そのためのひとつのアプローチとして赤ちゃんや子どもを対象に研究しているという研究者もいる。

　そういうなかで、楢﨑さんはとても軽やかに、うまく研究者や多職種の方とつながっておられる気がします。何かコツみたいなものがあるのでしょうか。

楢﨑：さっきの話と重なっちゃいますが、安易に役立つかどうかとか、育て方の正解を教えてくれるかといった視点にとらわれずに、「いったんおもしろがってみる」という姿勢をもつことが大事だと思います。特に、うちの園は保育所から認定こども園になったということもあり、いろいろな家庭状況の子どもたちが在園しているんです。そういう多様な背景をもつ子どもや保護者の方がいるなかで、私たちが安易に答えを決めつけて「こうあるべきだ」「こうしなきゃいけない」といった保育観・教育観をもってしまったら、その子がもっているいろいろな可能性をつぶしかねないし、簡単に良し悪しを決められないような状況にうまく対応できないと思っていて。私たちが正解だと思っていることも「本当に正解なの？」と常に疑うことがこの仕事では必要だと考えています。

　だから余計に、基礎研究の考え方や知見はとてもおもしろいんです！　私たちとは違う、別の見方を示してくれるというか、思い込みを取り除いてくれる感じがして。それに、私たち現場の人間はけっこ

う感覚で動いていることも多くて、その場その場で子どもに対応して
いく場合も多いんですけれど、基礎研究の知見に触れるなかで「あの
関わりは間違っていなかったんだな」とか「次はもっとこうしてみよ
う」といった気づきにつながることもあります。そういう機会はとて
も大切で、それがないと、個人的な「お気持ち」だけで動くことに
なってしまいます。そこにうまく合致する子どもや保護者ならいいか
もしれませんが、合致しない場合もあります。だから、経験則だけで
はなくて、やっぱりそういう違う見方に触れて、考え方の引き出しを
増やしておくことが重要だと思います。

萩原：たしかに、基礎研究者は「通説ではこうですよ」「こういうふ
うに言われていますよ」といった事柄に対して、「そうじゃないか
も？」と疑うことを日常的にやっているので、そういう思考のスタイ
ルとか疑問の解決の仕方のようなものが、もしかしたら現場の先生方
にとっては目から鱗、ということもあるのかもしれません（**図11-2**）。

　反対に、実践の場にいる方々から見て、基礎研究者がもっとこうし
てくれたらつながりやすいのに！と思うことってありますか？

楢﨑：今回の萩原さんの本のように、わかりやすく基礎研究の知見を
伝えてもらえると、ちょっと研究者を身近に感じられるかなと思いま
す。それと、やっぱり研究者となるとめちゃくちゃ頭が良いと思って
気後れしちゃったり、研究者が園にやってくるとなると自分たちの保
育や教育がジャッジされるんじゃないかと不安に思ったりすることも
あると思うんです。だから、そういうことじゃないですよ、あくまで
も役割分担で関係性は対等なんですよ、ということをあらかじめ示し
てもらえると、もっと研究と実践とがつながりやすくなるように思い
ます。

萩原：「研究者＝何か権威のある人」のように感じてしまうというこ
とでしょうか。大学の偉い人がやってきた、みたいな。

楢﨑：そうそう。偉い人だという勝手なイメージもあると思います。
難しいことばづかいも多いですし（笑）。

図11-2　基礎研究者の仕事のひとつは「通説を崩す」こと

萩原：偉いなんてことはまったくないんですけどね……（笑）。ただ、わかりやすさとかことばづかいの話というのは、研究者個人の努力だけではいかんともしがたい側面もあるように思います。というのも、研究者はやっぱり研究することが主要な仕事になるので、学会で発表したり論文を書いたりするための語彙や作法について徹底したトレーニングを受けるんです。そこから話し方のモードを切り替えて、一般的なことばでわかりやすく話すというのは、研究者にとってはかえってとても難しい。「やさしくわかりやすくって、どうやって？」というように、そもそもどうしていいかわからなくなることも多いと思います。同じ日本語を話しているはずなのに、慣れない外国語で話さなければいけないかのようなギャップを感じることもある。

　私の場合は、もともと作業療法士としての現場の経験があって、そのうえで基礎研究をするようになったという経緯のお蔭で、なんとなくではあるけれども、「こうしたらいいかな」という語彙の切り替えのコツみたいなものがある程度つかめるようなったんだと思います。学生のころから園の先生方や保護者の方とお話しさせていただいていたので、相手もあまり気後れせずに話しかけてくれていたという経験も、今思えばとても良かったのかもしれません。

　そういう意味では、やっぱり長い時間をかけて、少しずつつながっ

ていくというプロセスが重要だと思います。でも、現場の先生方も研究者もそれぞれ忙しいので、なかなか難しいところです。

楢﨑：たしかに、継続も大事なのかなと思います。直接お話しして研究者の方と関わっていくなかで、こちらが気後れしていただけだったんだと気づくこともありますし。それに、実践の現場にいる先生のなかには、研究者に下手なことを聞いてはいけないとか、ちゃんとしたことを言わなきゃいけないみたいな、自分自身にプレッシャーをかけてしまう人も多い気がします。

　だから、そうじゃないんですよ、もっとフランクに接して大丈夫ですよということを共通認識としてもてるといいのかもしれません。お互いわからないことだらけなわけですし。そういう違いはあれど、そこを丁寧にすり合わせることをあらかじめやっておくと、そのあとのディスカッションが盛り上がる気がします。

萩原：この本が、研究と実践をつなぐきっかけのひとつになってくれたらいいなと思います。ほんのささやかな貢献にしかならないかもしれないけれど、基礎研究のおもしろがり方がちょっとわかったとか、どういうことばを使えば、研究の話が実践の場に身を置く方々に届き

やすくなるのかのヒントが得られたとか、そんな感想をもらえたらとっても嬉しいです。

◆ もう戻れない、子どもたちの不思議な世界

萩原：この本では、研究の知見に加えて、できるだけいろいろなエピソードを紹介するようにしたつもりなんですが、実際に日々子どもたちと向き合っておられる先生方はどう感じると思われますか？

楢﨑：今回萩原さんが紹介されているエピソードって、日常的に園でも見かける「あるある」な姿だなと思いました。だから、本の内容と自分の経験とがすごく結びついたんです。

　たとえば、子どもが大人とは違う単語を使う場面には何度も遭遇したことがあります。とっても不思議なんですけど、プリンを「ピーヤン」、ミルクを「ミミク」と言ったり。太もものことを「アチチャンモモ」って言う子もいました。ほかの人から「太もも」って言われたらわかるのに（笑）。

　単語の理解の仕方が大人と子どもとで違うというお話についても、思い当たることがあります。たとえば、うちの園ではお散歩のときには必ず帽子を被るんですが、「帽子」という単語のなかに、〈お散歩に行きたい〉という思いも入っているように感じることがあります。

萩原：単語の意味に、その単語が指すもの以上の内容が含まれているというのは、とても興味深い現象だと思います。大人でも、たとえば「お茶」と言ったら〈お茶をちょうだい〉という要求のニュアンスが込められていることがありますが、子どもの場合はそういう単なる「表現の省略」ではなくて、本当に単語の意味が未分化で全体性をもっているという時期があるんじゃないかと考えています。〈コップでお茶を飲む〉という意味をもつ単語として「お茶」をとらえている、というように。

楢﨑：たしかに、表現の省略としての「お茶」と、意味が大人よりも

広い「お茶」って、結論としては似たものになっちゃうけれど、実際に起こっていることは全然違いますよね。もう子どもには戻れないけど、そういう違いをちゃんと知っておきたいと強く思います。

萩原：子どもに戻りたいと思うこともありますか？

楢﨑：1日だけ戻って、自分のなかでどういうことが起こっていたのかを知りたいというのはありますね。「一日署長」みたいな感じで。

萩原：それが本当にできたら、発達心理学はめちゃくちゃ前進しそうです（笑）。子どもが見せる不思議な言動で、未解明の現象ってたくさんありますから。スケールエラーなんかもその一例です。

楢﨑：「明らかにそこには入らないんじゃないかな……」というところに子どもが体を入れ込もうとする姿は、けっこう見かけるように思います。全員ではないですが、試したがりの子どもに多い気がします。なにやってるんだろう？と不思議で仕方ないですし、私たち大人にはわからないので、やっぱり子どもになって実際のところを知りたくなってしまいます。

萩原：現場の先生方って、もちろんとてもお忙しいので流れていってしまうこともあるとは思うんですが、日々お子さんと接しておられるぶん、本当にお子さんのことをよく見ておられますよね。

楢﨑：そうです。見ています。子どもたちの不思議な世界を垣間見ることができる機会は逃したくないですし、それが私たちの仕事のおもしろさでもあります。できることならひとりの子どもをずーっと観察していたいくらいです。実際なかなかそうはいかないんですけれど。

　日々の生活のなかで、子どもたちがいろいろな冒険を繰り広げているということを、この本や今回の対談を通じて改めて感じました。私は、発達がゆっくりだったり凸凹だったりしている子どもたちにも通じる内容だと思っています。ことばの発達だと、年齢が低ければ特に「様子を見ましょう」と言われがちだと思うんですが、それは「何もせずに放置しておきましょう」ということではなくて、その子がその子なりにことばの世界を冒険するのを邪魔しないようにしましょうと

いうニュアンスでとらえることができるし、そういう見守り方の視点をすごく伝わりやすいかたちで提示してくださっている本だと感じました。

萩原：「発達の多様性」という側面は、今回の本ではなかなか触れられませんでしたが、たしかに子どもを見るときの視点には、いわゆる定型的な発達かどうかにかかわらず共通したポイントがあると思います。そういう点で、実践の場におられる先生方や保護者の方のお役に立てる本に仕上がっているのだとしたら、こんなに嬉しいことはありません。

12 対談②
──科学者からみたことばの発達

　ことばの発達は、言語学、心理学、哲学、情報科学、医学などさまざまな研究分野で調べられてきました。そのなかでも発達心理学は、人間の「発達」という側面に特に注目しながら、子どものことばを探究してきた分野だといえます。この対談では、発達心理学者の森口佑介さんをゲストにお迎えして、発達心理学をはじめとする科学的な視点から、ことばの発達に迫ります。

> **ゲスト：森口佑介（もりぐち・ゆうすけ）**
>
> 京都大学大学院文学研究科准教授。京都大学大学院文学研究科修了。博士（文学）。専門は発達心理学、発達認知神経科学。最近は、特に子どもの主観的な認識世界、つまり子どもが見たり感じたりしている世界が大人とどのように異なるのかに興味をもっており、科学的な手法をもちいて検証を進めている。

12

◆ 子どもの単語理解は大人とは異なる!?

森口：原稿を拝読したのですが、ツアー2で紹介されている、萩原さんの研究は本当におもしろいと思います。ご自身の研究の内容を簡単におさらいしていただけませんか？

萩原：大人にとっての単語の意味と子どもにとっての単語の意味とは必ずしも一致しないというものですね。たとえば、「靴」や「コップ」

といった、子どもが早く身につけるといわれている単語でも、靴を花瓶差しのように使うなど使い方が異なっていると、「靴」の意味がわからなくなってしまう時期があります。1歳半ごろは、〈靴〉と〈履く〉行為とがマッチしていたらちゃんと「靴」がわかるけれども、ちぐはぐな使い方だとわからなくなってしまう。2歳に近づいてくると、子どもたちの多くは変なことをしていても「靴」をモノの名前として理解できるようになっていきます。

森口：たぶん多くの言語学者や心理学者は、名詞とか動詞というのは既に存在するというか、主要なものとしてあると考えていて、それを子どもがどう見つけていくかを調べているという状況だと思います。でも、萩原さんの研究はそうではなくて、単語が最初から名詞や動詞のように分化しているのではなく、あとから切り分けられていくというか、そういう発達を想定しているのが目から鱗でした。子どもの研究者にとっては非常に納得のいくアイディアでありながら、なかなか実際には思いつかないように思います。どうやってこの着想に至ったのでしょうか？

萩原：学部や修士課程のときに、動詞について研究したのがきっかけだったと思います。「ボールを投げる」「ボールを転がす」「ご飯を食べる」といった行為の動画をたくさん作って、3〜6歳の子どもたちにその動画セットを見せながら、「この人、何してる？」と尋ねる研究をやっていたんです。そうすると、「ボールを投げる」動画に対して「何してる？」と聞かれたら、3歳では特に「ボール！」と答える子どもが結構いたんです。

森口：「何してる？」でですか？

萩原：はい（笑）。もしかして、質問がうまく伝わっていなくて、子どもたちは行為ではなく何かしら見えたモノを答えたらいいと解釈したのかも……と思いました。でも、よくよく調べてみると、「ボールを投げる」動画で「ボール」と答えている子どもでも、別の「ボールを転がす」動画では「コロコロ」とか「遊んでる」とか、「ボール」

図12-1 「この人、なにしてる?」

ではない別の表現をしていることに気づきました。両方の動画で「ボール」のように答える子どもはむしろ少数派だったんです（**図12-1**）。

森口：そうなんですか。おもしろいですね。

萩原：この結果から、3歳児は「ボール」という単語をモノだけじゃなくて行為に対して使うことがあるのかも……？と思いました。そして、年齢が高くなるほど、子どもたちの言語表現はどんどん細分化されていきました。4歳で多かったのは「遊んでる」など意味範囲が広い便利な動詞でしたが、5〜6歳になってくると、「ポーン」ではなく「ポーンって投げてる」、「積み木してる」ではなく「積み木で作ってる」などと、より意味範囲が狭い動詞を使ったり副詞を使ったりして行為を表現するようになることがわかりました。

　こういう動詞の研究が私のなかでは結構ベースになっていて、発達的にもっとさかのぼってみると、実は名詞でも同じことが起こっているんじゃないかと思ってやりだしたのが「胚性詞」の研究です。

◆ 発達研究のおもしろさ

森口：萩原さんは言語発達の研究をしていて、ここが一番おもしろいと思える瞬間はありますか。

萩原：ひとつは、自分の過去を歩み直している気分になるときですかね。かつては自分も子どもだったのに、そのときのことなんてほとんどおぼえてないじゃないですか。でも、子どもたちのことばは、彼らが世界をどうとらえているのかを切り取ってくれる良い窓になっていて、「自分もこんなふうに世界を見ていたのかな」と感じることがあります。「何それ!?」みたいなこともいっぱい起こるんですけど（笑）。

森口：自分もこんな時代があったんだなという。

萩原：そうです。しかも、それが子どもなりの理屈に合っている。そういう大人とは違う理屈を見つけたときも、おもしろいと感じる瞬間だと思います。大人はかつて子どもだったから、ある意味子どものことをわかっているつもりになっちゃうんです。すごく自分を重ね合わせやすい、一番身近な他者というか。でも、やっぱり子どもは大人とは違う存在です。言語発達の研究をしていると、そのことを痛感させられます。子どもがどういうふうに単語を理解しているのかを知ることが、他者を再発見するひとつのきっかけにもなる。それってすごくおもしろいことだと思うんです。

森口：たとえば子どもの言い間違いや勘違いがただのエラーではなくて、彼らの主観なり世界のとらえ方を何かしら反映しているという見方ですね。

萩原：そういうことになります。森口さんも、「大人とは異なる存在としての子ども」という視点を大切にされていると感じます。私の場合は「子どものことば」から入って研究していますが、森口さんの場合は、たとえばどういうアプローチをされているんですか？

森口：私の場合、一番知りたいのは本当に、子どもがとらえている世界そのものです。でも、ことばで「どう見える？」と尋ねたとしても、まだ言語の発達途上ですし、適切に答えてくれるとは限らない。だから、脳活動を調べることもあります。大人と同じものを見ていても、その認識の仕方は子どもと大人とでは違っていて、それが脳活動などに反映されるのではないかと考えています。

たとえば、最近始めた研究プロジェクトでは、色の見え方を研究しています。特に注目しているのは、ひとつひとつの色の見え方というよりも、色と色の関係性です。赤色と青色は大人から見ると似ていないと思いますが、子どもにとってはそうではなくて、似ていると感じることがあるかもしれない。そういうさまざまな色同士の関係、専門用語でいうと「構造」のようなものを、はたして子どもがもっているのか、もっているとしたら、それは大人がもっている構造とどのように違うのかといったことを調べています。

萩原：色の研究は、言語の研究においても古くて新しい問題のひとつです。特に、母語が違っていたら、世界のとらえ方そのものも変わってくるのではないか？という考え方にもとづいて知見が蓄積されています。

たとえば、英語でいうところの青色、つまり "blue" は、ロシア語だと明るいか暗いかで異なる色名になるそうです。明るめの青だと "goluboy" で、濃い暗めの青だと "siniy" というように。このように、言語によって色の境界線の引き方が異なっていることが、実は色のとらえ方それ自体にも影響すると報告されています（Winawer et al., 2007）。もう少し詳しく話すと、ターゲットになる青色と、2つの選択肢A、Bを用意して、「ターゲットと同じ青色はAとBのどっちでしょう？」というクイズを出すんです（**図12-2**）。すると、ロシア語話者の場合には、Aが "goluboy" でBが "siniy" というように異なる色カテゴリーに各選択肢が属しているときの方が、A・Bの両方が同じ色カテゴリーに属しているときよりも、回答にかかる時間が短かったそうです。でも、明暗にかかわらず青色を "blue" と呼ぶ英語話者の場合には、このような傾向は見られませんでした。

言語が異なれば世界は違って見えるかもしれない。同じように、発達の時期が違えば世界のとらえ方も違ってくるのではないかな……と私は考えています。

森口：言語によって概念のつくり方が異なる、ということなんですか

ターゲット

選択肢A

選択肢B

図12‑2　「ターゲットと同じ色はA・Bのどっち？」

Winawer et al.（2007）をもとに作成。実際にはカラー（青色）で調べられた。

ね。色の場合だと、赤とか青とかっていう言語ラベルにもとづいた色の概念と、子どもの内的な、言語とは無関係にもっている色の概念の2つがあると思うんですけど、萩原さんはこれら2つの概念がどういう関係になっていると考えていますか？　まず色を見るという経験があって、色の概念のようなものができて、それぞれに言語ラベルがくっついていくとか、あるいは言語を習得するなかで概念が細分化していくとか。

萩原：たしかに、言語がなくても概念というか、カテゴリーはつくれると思います。色に限らず、モノとか動きのカテゴリーも同様です。そういう非言語的な、知覚にもとづくカテゴリーがあるにはあって、そこに言語がやってきたときに、カテゴリーの再編成が起こるんじゃないかと私は考えています。色の場合だと、視知覚としてはAとBは近くて、CとDは遠いといったネットワークがあるんだけれども、言語ラベルが導入されることで、AとBは同じ色としてまとめられるだとか、CとDは実は似ているだとか、そういうふうに新しく境界線を引き直したり、色のカテゴリー同士の距離が変わったりする。さらに、言語ラベルは、概念同士の境界線をさらに明確でくっきりしたものにするという役割ももっていると思います（Lupyan & Lewis, 2019）。言語がないときには砂や泥のようにとらえどころのない概念だったものが、レンガやブロックのように明確な「パーツ」になる、というイ

メージでしょうか。

　言語ラベル、つまり単語によって世界をとらえることのもうひとつの役割は、言語がないときには関係ないと思っていたもの同士をうまくくっつけるということなんじゃないかと考えています。比喩表現はその好例です。「重たい空気」とか「高い音」とか。実際には空気の重さなんて感じないし、音の高さも本来は目に見えない。でも、そういう重さの感覚を気持ちに結びつけたり、聴覚的な情報を視覚の表現でとらえたりすることは、言語によって可能になるという側面があるんじゃないかと思います。

森口：「抽象化」ということになるのでしょうか。

萩原：そういういい方をしてもいいかもしれません。もっと基本的な、たとえば〈ペットボトルで飲む〉といった概念も同じようにとらえることができると思います。ペットボトルって必ずしも飲むという行為とセットでなくてもいいわけで、投げてもいいし転がしてもいいですよね。でも、〈飲む〉という行為と〈ペットボトル〉というモノとを頭のなかでくっつけるときに、「ボトル」とか「コップ」とか「飲む」といった単語の存在がすごく役に立っていて、一見すると関係ないような要素同士を結びつける「かすがい」になっているんじゃないかというのが私の仮説です。

森口：ポイントとしては非常に納得がいく気がします。その一方で、概念をわざわざ再編成しなくても、育っている環境に沿ってあらかじめ概念ができていて、そこに付随する言語ラベルがついてくると考える方がより自然だという気もするんですが、どうでしょうか？

萩原：たしかに直感に反しますよね（笑）。非言語的なカテゴリーと、言語的なカテゴリーはきれいに対応している方がいいのではないかと。でも、実際の発達はそうなっていない。直感に反することがよく起こるんです。たとえば、1歳半くらいだと「靴で変なことをしている」場合には「靴」という単語の意味を理解できなくなるとか（Hagihara & Sakagami, 2020；Hagihara et al., 2022）、ミニカーを見て無理やりそこ

へ乗り込もうとしたりとか（DeLoache et al., 2004）。カテゴリーや概念は発達のなかで変化していくし、そういう再編成は言語によって駆動される側面があります。もし知覚的なカテゴリーにべったり張りついた言語しかなかったら、人間の想像力ってもっと限られていたんじゃないかとも思います。大人の直感には反するけれども、言語によって概念の境界線や距離が再編成されるおかげで、ある意味現実から解放されるというか、本来くっつかないような概念同士をくっつけるといった想像力のようなものが生まれるのではないかと考えています。

◆ 「私はいつでも他者を傷つけうる」という視点

森口：ところで、萩原さんはこの本の冒頭で、読者を「傷つけうる」ということにセンシティブになって、配慮したいということを明示されていますよね。私も本を書きますけど、こういう視点はなかったなと思って。授業などでも同じことを受講者に伝えているんでしたっけ。
萩原：「"傷ついた"と感じる言葉は教えてね」ということですよね。はい、授業などでは最初に伝えるようにしています。
森口：萩原さん自身、なにか傷ついたと感じた経験があるんですか？
萩原：何度かあります（笑）。たとえば、学生のころ心理学のガイダンスを受けたときに、ある高名な発達心理学の先生が「みなさんも結婚して子どもができて……という人生を歩むと思いますけれども、発達心理学というのはそういう人生で起こる変化を扱う学問です」というようなことを話されていたんです。実際、人生によくあるイベントやルートのようなものを念頭においてつくられた発達理論もありますが、現代の発達心理学者がそれをなんのためらいもなく言っちゃうんだ……とショックを受けました。

　結婚するとか子どもができるとか、もちろんそういう人生を否定するわけではまったくありませんが、そのときは「そうじゃない人生」を否定されているように感じてしまって。でも、自分も同じように、

自分にとっての当たり前を誰かに押しつけてしまうことがあるかもしれない。

森口：歳をとると本当にやりそうで怖いなと、私も思うところです。

萩原：発達に関しても、研究者がうっかり言っちゃうことってあるじゃないですか。「2歳になったらこれができる」とか。でも、そういうひとことで傷ついたり、しんどい思いをしたりする人たちもいると思うので、とっても些細な取り組みですけれど、私はなるべく主語を大きくしないようにしています。「2歳児は」という代わりに、たとえば「多くの子どもたちは2歳くらいになると」という感じで話すとか。すごくささやかだとは思うんですが、でも、それでちょっとでも世界が優しくなったらいいなと。

森口：この点は本当に、子育て真っ只中の保護者の方や、子どもに関わる専門家にとって非常に重要な視点のように思います。

萩原：誰かと話しているときって、うっかり相手も自分と同じように感じているだろうとか、自分の先入観で決めつけて話しちゃうことってあるじゃないですか。どんなに気をつけていても、自分の発言で相手が傷つくかどうかはわからない。だから、いつでも私はあなたを傷つけてしまうかもしれないという前提で話す方が、お互いちょっと優しくなれるように思います。「差別はしません」ではなくて、「気づかないうちに差別してしまうかもしれないから、もししていたら教えてね」というスタンスの方が、他者と関わるときにはうまくいくように思います。そういう発想はある意味で子どもたちに教えてもらったという気がしていて、だから本書の執筆にもそういう態度で臨みたいと思いました。

◆ **発達研究と実践の接点**

森口：今回初めての単著とのことですが、この本を書こうと思った動機はどういうところにあるんですか？

萩原：私は普段、研究者として生計を立てているので、一番の「主戦場」はやはり「論文」です。新しい研究をして、子どもに対する理解を更新するような新しい知見を世界に発信していく。でも、その最初の発信先は基本的には研究者のコミュニティーなんですよね。それに対して、子どもの研究をしているので、当たり前ですけれど子どもや保護者の方、あるいは保育園やこども園などの先生方のご協力がなければ研究はできません。なので、発達研究の場合、入口と出口が別々なんです。データを提供してくれる人たちと、その結果を最初に渡す人たちが違う。

　そういうなかで、研究に協力してくれた方々にも直接なにかお返しできないかな、恩返ししたいなというのが、とても個人的ですが本書を執筆する一番のモチベーションでした。

森口：萩原さんの文章は非常にやわらかいというか、一般の方に届きやすいような目線で書かれていると感じます。でも、過剰にわかりやすくしていないというか、必要なところはちゃんと研究者としてポイントを押さえているという印象もあります。この本を読んでくれるような、たとえば子育てをしている人々に対して、萩原さんからなにか

アドバイスというか、伝えたいことはありますか？

萩原：私は子育てをしていないので、そんな立場からなにか言うのって相当おこがましいと思っています。自分の人生を何とかやりくりするだけで私は結構手一杯なので……。子育てをしているという時点で、それは本当にスゴイことだと思うんです。子どもを育てていて、衣食住を提供しているということがどんなにスゴイことかを伝えるのが一番大事な出発点だと思います。

　だから、この本を読んでプラスアルファで何かをしてほしいというよりも、今既にされていること自体が実はとってもスゴイことなんですよ、と声を大にして伝えたいです。たしかに、この本には「こういうふうに関わってみたらどうですか？」とか、「こういう視点をもって関わってみると子どもの見え方が変わるかもしれませんよ」といった文章が散りばめてあります。でも、だからといって「それをやりなさい！」と言うつもりは毛頭なくて。むしろ、子どもに関わっておられる読者の方の気持ちが少しでも軽くなるとか、ゆとりをもてるようになるといったことに本書が役立てば嬉しいです。

森口：いろいろな視点を提供したいと、そういうことなんですね。ことばの発達というトピックだと、たとえば「うちの子は発達が遅れているんじゃないか」というように心配の声が挙がることもあるかもしれませんが、そういう場合にも「こうしなさい」というわけではないというか。

萩原：もちろん、生活に差しさわりが出るような、たとえば特殊な発達パターンだったり発達に遅れがあったりするという状況であれば、やはり専門的な支援が必要だと思います。言語聴覚士や作業療法士といった専門家がいる支援機関もありますし、そういうところで支援者につながって、その子どもに合ったオーダーメイドの子育てを専門家といっしょに子どもに届けていくことが大切です。そうした「発達の多様性」という視点は、本書では必ずしもカバーしきれていません。でも、その一方で、特に言語聴覚士の方々が既にことばの発達支援に

関する本をいろいろ出版されていますし、本書でも読書案内（142ページを参照）で数冊紹介しています。ちなみに、子ども専門の言語聴覚士がいる支援機関の全国マップもあります（子どもの発達支援を考えるSTの会，n.d.）。

　子育てや保育・教育、あるいは療育といった実践の場にどう関わっていくのかという問題については、発達心理学者によって意見が異なるように思うのですが、森口さんの場合はいかがですか？

森口：障害や臨床という点については、さすがに自分に言えることはそもそもないと思っているので、あまり口を出さないようにしています。でも、広く子育てに関していえば、やっぱりメディアや自治体などから仕事の依頼が来るし、自分にできることはなにかしら応えたいと思っているので、けっこう引き受けることもあります。やっぱり子育てには「正解」が求められてしまう風潮がどうしてもありますし、世の中にはいろいろな本が出回っていますよね。

萩原：賢い子どもの育て方とか、東大に受かる子育てとか……。

森口：ハーバード式とかね。そういう本もあって、もちろんそういう本のすべてを否定するわけではないけれども、そのやり方がどんな子どもにも当てはまるかというと、そうとは限りません。そういう視点こそが大事だと思います。子育てというのは千差万別で、たしかに発達心理学の知見にもとづいて「平均的にはこっちの方がいいかもしれませんよ」と提案ができるときにはしています。ただ、それが万人にとっていいかというと、そうではないケースも多いわけです。ですから、やっぱり子育てには正解がないし、子どもはそれぞれ違うわけだから、それぞれの接し方があるということをしっかりと伝えるのが重要だと思います。

　ただし、そのなかで「やってはいけないこと」だけには正解があると思っていて。虐待であるとか、そういうことの危険性は確実に伝えたいと考えています。

◆ 研究者や研究成果につきまとう「権威」

萩原：学術的な知見は、子育ての「正解」を振りかざすのに利用されやすいと感じます。たしかに、こういうふうに接したら子どもの成績が伸びましたとか、こういう関わり方をすると子どもの語彙が増えましたといった論文もたくさんありますが、メディアなどでそういう知見が紹介されるときには、もともとの知見から話が膨らんで、誇大広告になってしまうケースも多い。森口さんは、ご自身の研究を現場の方々にどのように使ってほしいとか、そういうご意見はありますか？

森口：やっぱり、まずは「これをやってはいけない」ということだけはしっかりと伝わってほしいというのが第一の姿勢です。その上で、萩原さんと同じになりますが、視点を提供するということが次の姿勢としてあります。発達心理学者として、あなたがやっているやり方も正しいかもしれないけれど、こういう考え方もあるし、こういう接し方もあるよという視点を提供することはできる。それが正解かどうかは実際に子どもに接しているあなたたちの方が多分よく知っているでしょうから、ここから選んでくださいねというのが研究と実践との良い距離感かなと思っています。

萩原：すごく大事なメッセージですね。「研究の結果＝権威」のようにするのではなくて、あくまでひとつの参照軸というか、子どもをとらえるときの視点を提供しているという姿勢を研究者がもつというか。そのように考えている研究者は実際多いと思うんですが、その一方で、現場や一般の方々に届くときには、必ずしもそうならないのがジレンマです。

森口：難しいですね。どうしても大学の研究者だと、本当に権威になってしまう場合が往々にしてありますし。けっこう怖いことです。

萩原：その点は、研究者が気をつけないといけないことかもしれませんね。子育てって、それこそ不安がとても大きいと思うんです。子育

てを始めたばかりの親御さんや、新卒で就職したての保育士さんにとって、子どもとの日々は一体なにが起こっているのかわからないという、まさに大混乱から始まることも多いと思います。そういうときに、発達心理学の知見はひとつの参照軸になるというか。「うまくいくかどうかはわからないけれども、こういうことがわかっていますよ」という程度で研究知見を使ってもらえたらいいですよね。ひとまず試しにやってみて、その結果として、目の前の子どもの表情が明るくなるかとか、大人自身の気持ちにゆとりができるかといったことを、その場その場で判断しながら関わり方を変えていってもらう。そのとっかかりとして研究知見を使ってもらえるといいのかもしれません。

森口：でも、最初の「うまくいくかどうかわかりませんよ」のところが往々にして外されるんですよね……。

萩原：特に森口さんのご研究だと、「非認知スキル」とか「自分をコントロールする力」とか、最近注目されているキャッチーなトピックが多いぶんなおさらご苦労があるのではないでしょうか。

森口：そうなんです。ちゃんと理解しないまま用語や知見をもち出す人がいて、そういう人たちがテレビやメディアによく出演しがちだという問題もあります。10年も前に間違っているとわかっていることをさも最近知ったかのように言ってしまうとか。

　この手の問題は厄介で、その人個人を批判しても仕方がないし、それを取り上げるメディアを批判するべきなのかもよくわからない。そういう問題に巻き込まれたくないからメディアには出たくないという研究者も多いと思うんですけど、一方で研究者がそんな態度だから間違った情報ばかりが一般に出回ってしまうというところもあります。だから、自分が言える範囲のなかで、伝えられることはちゃんと伝えないといけないと思っています。

萩原：研究者が社会に貢献できる、あるいは果たすべき社会的責任として、とても重要な視点だと思いました。そういう意味では本書も、ことばの発達について、私から研究者以外のみなさんに伝えられるこ

とをしっかりと届けたいという思いで執筆しました。背伸びしながら
ではありますが、多くの人に子どものことばの発達について知っても
らって、さらに「発達研究っておもしろい」と「明日からの子どもの
見方が変わる」の両方をうまく達成できないかと試みた書籍でもあり
ます。成功したかどうかはまだわかりませんが、少なくとも読者のみ
なさんに楽しく読んでいただけたら嬉しいです。

12

参考文献ってどうやって見たら／探したらいいの？

　筆者が大学生になりたてのころ、期末レポートで「参考文献をちゃんと書きなさい」と教員から口酸っぱく言われたことを今でも覚えています。本や論文の最後のあたりに文献リストがあるのはわかっていても、はたしてどれが本でどれが論文やら、はたまたどうやって文献を探せばよいやら、さっぱりわかりませんでした。

　ところが研究者になると、文献リストを読むことや書くことは「当たり前」になってしまって、不思議とまったく迷わなくなります。文献リストの記載の仕方にはいくつかの異なるガイドラインがありますが（心理学だと、一番使われているのは「APAスタイル」という方式だと思います）、仮に普段見ているものとは異なるフォーマットで記載されたリストでも、「これは論文だな」「これは書籍のなかの特定の章のことだな」というのがわかるようになります。

　あるとき、学部1回生向けの講義のなかで、「この文献は、①論文、②書籍、③書籍のなかの特定の章、のどれでしょうか？」というクイズを出したことがあるのですが、大多数の受講生は混乱してしまって、頭の上に「？」が浮かんでいるようでした。

　そこで本書では、文献リストの表記の仕方にちょっと工夫をしてみることにしました。そうすることで、読者のみなさんが興味のある文献にご自身で直接アクセスすることをサポートできるのではないかと考えたからです。具体的には以下の表記ルールを採用しています。いくつかの例外はありますが、これらのルールを知っておくと、文献探しがずいぶんとラクになるはずです。文献の探し方のコツも一緒に記載しましたので、ぜひ参考にしてみてください！

① 論文の場合

表記ルールの原則

論 著者名（出版年）．論文のタイトル．*学術雑誌名，巻（号）*，ページ範囲または論文番号．

具体例

論 池田彩夏・小林哲生・板倉昭二（2016）．日本語母語話者の対乳幼児発話における格助詞省略．*認知科学，23*(1)，8-21．

論 Senghas, A., Kita, S., & Özyürek, A. (2004). Children creating core properties of language: Evidence from an emerging sign language in Nicaragua. *Science, 305*(5691), 1779-1782.

文献の探し方のコツ

「筆頭著者の名前」や「論文のタイトル」でインターネット検索すると見つかることが多いです。国際誌なら Google Scholar（https://scholar.google.com）などで検索し、国内誌なら CiNii（https://cir.nii.ac.jp）や J-STAGE（https://www.jstage.jst.go.jp）などで検索するとよいでしょう。ちなみに、著者名のあとに "et al." という記号がつく場合がありますが、これは「ほかにも著者がいること」を示しています。また、"under review" や "in progress" といった記載がある場合は、その論文がまだ出版されていないことを示しています。この場合は、論文は入手できないこともあり、出版されるまで待つことも往々にしてあります。

②　書籍の場合

表記ルールの原則

> 書　著者名（出版年）．*書籍のタイトル*．出版社名．

具体例

> 書　中川信子（2009）．*発達障害とことばの相談：子どもの育ちを支える言語聴覚士のアプローチ*．小学館．

> 書　Frank, M. et al. (2021). *Variability and consistency in early language learning: The Wordbank project*. MIT Press.

文献の探し方のコツ

「筆頭著者の名前」や「書籍のタイトル」でインターネット検索すると見つかることが多いです。書店関係のウェブサイトで検索するとよいでしょう。

③　書籍や会議録のなかの特定の章の場合

表記ルールの原則

> 章　著者名（出版年）．章のタイトル．書籍の編者名（編），*書籍のタイトル*，出版社名（ページ範囲）．

具体例

> 章　大伴潔（2017）．言語障害の種類．岩立志津夫・小椋たみ子（編），*よくわかる言語発達 改訂新版*，ミネルヴァ書房（pp. 132-133）．

> 章　Nelson, K. (1983). The conceptual basis for language. Seiler, Th. B., & Wannenmacher, W. (Eds.), *Concept development and the development of word meaning*, Springer (pp. 173-188).

文献の探し方のコツ

　このパターンが一番やっかいかもしれません。コツは、「編者の名前」や「書籍のタイトル」でインターネット検索することです。ついつい筆頭著者名や章のタイトルで検索しがちですが、章のタイトルは書籍の名前ではないので、目次が公開されていなければ検索しても見つけられない場合があります。検索は通常の書籍と同様に、書店関係のウェブサイトを使うとよいでしょう。

　また、このパターンのなかには、一般に流通している書籍ではなく、学会発表の予稿集や会議録といった、特定の学会参加者向けの文献も含まれています。この場合は、書籍の場合と同じ方法では見つからないこともあります。そもそもネット上で公開されていない可能性もありますが、Google Scholar（https://scholar.google.com）や Research Gate（https://www.researchgate.net）などのプラットフォームで検索してみると、運よく見つかることもあります。

④　ウェブサイトの場合

表記ルールの原則

W　著者名（掲載年）．ウェブサイト記事のタイトル．URL（最終アクセス日）．

または

W　ウェブサイト名．URL（最終アクセス日）．

具体例

W　萩原広道（2020）．「私はいつでも他者を傷つけうる」自覚が多様性理解への第一歩．
　　https://note.com/hagiii/n/ne9e77f860a09（2023年9月17日）．

W CHILDES: Child Language Data Exchange System.
https://childes.talkbank.org（2023年9月17日）.

文献の探し方のコツ

　一番シンプルで、URL を使ってそのまま検索すれば OK です。最終アクセス日の段階では有効な URL が記載されていますが、ウェブサイトの更新などで URL が無効になってしまっている場合もあります。そのような場合は、ウェブサイトや記事の名前で検索してみましょう。

　さらに、次ページから始まる本書の文献リストは、ウェブ上にリンク付きで公開されています（https://note.com/hagiii/n/n8b420423 dea2）。興味のある文献を見つけた方は、ぜひ元文献にアクセスしてみてください。本書では紹介しきれなかった詳細な情報がもし入手できた

（文献リストのQRコード）

ら、みなさんの知的好奇心がより刺激されることでしょう！　英語だったとしても怖がらずに、自分で読んでみたり、翻訳サイトなどの文明の利器に頼ったりして、少しだけでも読んでみてもらえたら嬉しいです。

文献リスト

論は論文、**書**は書籍、**章**は書籍や会議録のなかの特定の章、
Wはウェブサイトを示す。くわしくは COLUMN 3（176ページ）を参照。

序　章

W　萩原広道（2020）．「私はいつでも他者を傷つけうる」自覚が多様性理解への第一歩．https://note.com/hagiii/n/ne9e77f860a09（2023年12月20日）.

第 1 章

章　萩原広道（2021）．言語の発達．浅野大喜（編），*人間発達学*，メジカルビュー社（pp. 140-175）.

章　大伴潔（2017）．言語障害の種類．岩立志津夫・小椋たみ子（編），*よくわかる言語発達 改訂新版*，ミネルヴァ書房（pp. 132-133）.

書　中川信子（2009）．*発達障害とことばの相談：子どもの育ちを支える言語聴覚士のアプローチ*．小学館.

論　高嶋由布子（2022）．手話とろう・難聴児の発達．*発達*, *172*, 94-99.

論　Senghas, A., Kita, S., & Özyürek, A. (2004). Children creating core properties of language: Evidence from an emerging sign language in Nicaragua. *Science, 305*(5691), 1779-1782.

W　Kegl, J. (2020). Birth of a new language.
https://www.bbc.co.uk/programmes/p0827h15（2023年12月20日）.

論　Hollich, G., Hirsh-Pasek, K., Golinkoff, R., Brand, R., Brown, E., Chung, H. L., Hennon, E., & Rocroi, C. (2000). Breaking the language barrier: An emergentist coalition model for the origins of word learning. *Monographs of the Society for Research in Child Development, 65*(3, Serial No. 262), i -135.

論　Axelsson, E. L., Churchley, K., & Horst, J. S. (2012). The right thing at the right time: Why ostensive naming facilitates word learning.

181

Frontiers in Psychology, 3, 88.

論 Pruden, S. M., Hirsh-Pasek, K., Golinkoff, R. M., & Hennon, E. A. (2006). The birth of words: Ten-month-olds learn words through perceptual salience. *Child Development, 77*(2), 266-280.

論 Goldstein, M. H., & Schwade, J. A. (2008). Social feedback to infants' babbling facilitates rapid phonological learning. *Psychological Science, 19*(5), 515-523.

論 Tamis-LeMonda, C. S., Bornstein, M. H., & Baumwell, L. (2001). Maternal responsiveness and children's achievement of language milestones. *Child Development, 72*(3), 748-767.

論 Colonnesi, C., Stams, G. J. J., Koster, I., & Noom, M. J. (2010). The relation between pointing and language development: A meta-analysis. *Developmental Review, 30*(4), 352-366.

論 Okumura, Y., Kanakogi, Y., Kobayashi, T., & Itakura, S. (2017). Individual differences in object-processing explain the relationship between early gaze-following and later language development. *Cognition, 166*, 418-424.

章 Nelson, K. (1983). The conceptual basis for language. Seiler, T. B., & Wannenmacher, W. (Eds.), *Concept development and the development of word meaning*, Springer (pp. 173-188).

論 Roy, B. C., Frank, M. C., DeCamp, P., Miller, M., & Roy, D. (2015). Predicting the birth of a spoken word. *Proceedings of the National Academy of Sciences, 112*(41), 12663-12668.

論 Tamis-LeMonda, C. S., Custode, S., Kuchirko, Y., Escobar, K., & Lo, T. (2019). Routine language: Speech directed to infants during home activities. *Child Development, 90*(6), 2135-2152.

論 Singh, L., Nestor, S., Parikh, C., & Yull, A. (2009). Influences of infant-directed speech on early word recognition. *Infancy, 14*(6), 654-666.

論 Thiessen, E. D., Hill, E. A., & Saffran, J. R. (2005). Infant-directed speech facilitates word segmentation. *Infancy, 7*(1), 53-71.

論 Matatyaho-Bullaro, D. J., Gogate, L., Mason, Z., Cadavid, S., & Abdel-Mottaleb, M. (2014). Type of object motion facilitates word mapping by preverbal infants. *Journal of Experimental Child Psychology, 118,* 27-40.

論 Elmlinger, S. L., Goldstein, M. H., & Casillas, M. (2023). Immature vocalizations simplify the speech of Tseltal Mayan and U. S. caregivers. *Topics in Cognitive Science, 15*(2), 315-328.

章 Foushee, R., Griffiths, T., & Srinivasan, M. (2016). Lexical complexity of child-directed and overheard speech: Implications for learning. Papafragou, A., Grodner, D., Mirman, D., Trueswell, J. C. (Eds.), *Proceedings of the 38th Annual Meeting of the Cognitive Science Society,* Cognitive Science Society (pp. 1697-1702).

論 Odijk, L., & Gillis, S. (2021). Tailoring the input to children's needs: The use of fine lexical tuning in speech directed to normally hearing children and children with cochlear implants. *Frontiers in Psychology, 12,* 2349.

章 Roy, B. C., Frank, M. C., Roy, D. (2009). Exploring word learning in a high-density longitudinal corpus. Taatgen, N., & Rijn, H. (Eds.), *Proceedings of the 31st Annual Meeting of the Cognitive Science Society,* Cognitive Science Society (pp. 2106-2111).

論 池田彩夏・小林哲生・板倉昭二（2016）．日本語母語話者の対乳幼児発話における格助詞省略．*認知科学, 23*(1), 8-21.

論 大伴潔・宮田 Susanne・白井恭弘（2015）．動詞の語尾形態素の獲得過程：獲得の順序性と母親からの言語的入力との関連性．*発達心理学研究, 26*(3), 197-209.

論 Hills, T. (2013). The company that words keep: Comparing the statistical structure of child-versus adult-directed language. *Journal of Child Language, 40*(3), 586-604.

論 Bergmann, C., Dimitrova, N., Alaslani, K., Almohammadi, A., Alroqi, H., Aussems, S., ... & Mani, N. (2022). Young children's screen time during the first COVID-19 lockdown in 12 countries. *Scientific Reports, 12*(1), 1-15.

論 Lederer, Y., Artzi, H., & Borodkin, K. (2022). The effects of maternal smartphone use on mother-child interaction. *Child Development, 93*(2), 556-570.

（論） Madigan, S., McArthur, B. A., Anhorn, C., Eirich, R., & Christakis, D. A. (2020). Associations Between Screen Use and Child Language Skills: A Systematic Review and Meta-analysis. *JAMA Pediatrics, 174* (7), 665-675.

（論） Singh, L., Tan, A., & Quinn, P. C. (2021). Infants recognize words spoken through opaque masks but not through clear masks. *Developmental Science, 24* (6), e13117.

（論） Singh, L., & Quinn, P. C. (2023). Effects of face masks on language comprehension in bilingual children. *Infancy, 28* (4), 738-753.

（論） Hoff, E. (2003). The specificity of environmental influence: Socioeconomic status affects early vocabulary development via maternal speech. *Child Development, 74* (5), 1368-1378.

（論） Levine, D., Pace, A., Luo, R., Hirsh-Pasek, K., Golinkoff, R. M., de Villiers, J., ... & Wilson, M. S. (2020). Evaluating socioeconomic gaps in preschoolers' vocabulary, syntax and language process skills with the Quick Interactive Language Screener (QUILS). *Early Childhood Research Quarterly, 50*, 114-128.

（論） Crimon, C., Barbir, M., Hagihara, H., De Araujo, E., Nozawa, S., Shinya, Y., ... & Tsuji, S. (2022). Mask wearing in Japanese and French nursery schools: The perceived impact of masks on communication. *Frontiers in Psychology, 13*, 5348.

（論） Hirsh-Pasek, K., Zosh, J. M., Golinkoff, R. M., Gray, J. H., Robb, M. B., & Kaufman, J. (2015). Putting education in "educational" apps: Lessons from the science of learning. *Psychological Science in the Public Interest, 16* (1), 3-34.

（論） Hassinger-Das, B., Brennan, S., Dore, R. A., Golinkoff, R. M., & Hirsh-Pasek, K. (2020). Children and screens. *Annual Review of Developmental Psychology, 2*, 69-92.

（書） 木下ゆーき (2021) #ほどほど育児：失敗したっていいじゃない. 飛鳥新社.

第2章

論 Graven, S. N., & Browne, J. V. (2008). Auditory development in the fetus and infant. *Newborn and Infant Nursing Reviews, 8*(4), 187-193.

論 Moon, C., Lagercrantz, H., & Kuhl, P. K. (2013). Language experienced in utero affects vowel perception after birth: A two-country study. *Acta Paediatrica, 102*(2), 156-160.

書 針生悦子 (2019). *赤ちゃんはことばをどう学ぶのか.* 中央公論新社.

論 Mampe, B., Friederici, A. D., Christophe, A., & Wermke, K. (2009). Newborns' cry melody is shaped by their native language. *Current Biology, 19*(23), 1994-1997.

論 Vouloumanos, A., Hauser, M. D., Werker, J. F., & Martin, A. (2010). The tuning of human neonates' preference for speech. *Child Development, 81*(2), 517-527.

論 Mugitani, R., & Hiroya, S. (2012). Development of vocal tract and acoustic features in children. *Acoustical Science and Technology, 33*(4), 215-220.

論 柳田早織・今井智子・榊原健一・西澤典子 (2011). 前言語期の音声発達. *音声言語医学, 52*(1), 1-8.

W Roy, D. (2011). The birth of a word.
https://www. ted. com/talks/deb_roy_the_birth_of_a_word? language (2023年12月20日).

論 高見観・北村洋子・加藤理恵・田中誠也・山本正彦 (2009). 小児の構音発達について. *愛知学院大学心身科学部紀要, 5,* 59-65.

論 McLeod, S., & Crowe, K. (2018). Children's consonant acquisition in 27 languages: A cross-linguistic review. *American Journal of Speech-Language Pathology, 27*(4), 1546-1571.

論 大塚登 (2005). 構音発達と音声知覚. *日本大学大学院総合社会情報研究科紀要, 6,* 150-160.

論 Kuhl, P. K., Stevens, E., Hayashi, A., Deguchi, T., Kiritani, S., & Iverson, P. (2006). Infants show a facilitation effect for native language phonetic perception between 6 and 12 months. *Developmental Science, 9*(2), F13-F21.

文

🔵論 Tsuji, S., & Cristia, A. (2014). Perceptual attunement in vowels: A meta-analysis. *Developmental Psychobiology, 56*(2), 179-191.

🔵論 Kuhl, P. K., Conboy, B. T., Coffey-Corina, S., Padden, D., Rivera-Gaxiola, M., & Nelson, T. (2008). Phonetic learning as a pathway to language: New data and native language magnet theory expanded (NLM-e). Philosophical *Transactions of the Royal Society B: Biological Sciences, 363*(1493), 979-1000.

🔵論 Kuhl, P. K., Tsao, F. M., & Liu, H. M. (2003). Foreign-language experience in infancy: Effects of short-term exposure and social interaction on phonetic learning. *Proceedings of the National Academy of Sciences, 100*(15), 9096-9101.

第3章

🔵論 Bergelson, E., & Swingley, D. (2012). At 6-9 months, human infants know the meanings of many common nouns. *Proceedings of the National Academy of Sciences, 109*(9), 3253-3258.

🔵書 Quine, W. V. O. (1960). *Word & object*. MIT Press.（大出晃・宮館恵（訳）(1984). ことばと対象. 勁草書房.）

🔵論 Hollich, G., Hirsh-Pasek, K., Golinkoff, R., Brand, R., Brown, E., Chung, H. L., Hennon, E., & Rocroi, C. (2000). Breaking the language barrier: An emergentist coalition model for the origins of word learning. *Monographs of the Society for Research in Child Development, 65*(3, Serial No. 262), i -135.

🔵書 Frank, M. C., Braginsky, M., Yurovsky, D., & Marchman, V. A. (2021). *Variability and consistency in early language learning: The Wordbank project*. MIT Press.

🔵章 Maguire, M. J., Hirsh-Pasek, K., & Golinkoff, R. M. (2006). A unified theory of word learning. Hirsh-Pasek, K., & Golinkoff, R. M. (Eds.), *Action meets word: How children learn verbs*, Oxford University Press (pp. 365-391).

🔵論 Hagihara, H., Yamamoto, H., Moriguchi, Y., & Sakagami, M. (2022). When "shoe" becomes free from "putting on": The link between early meanings of object words and object-specific actions. *Cognition, 226*, 105177.

（章）Bowerman, M., & Choi, S.（2001）. Shaping meanings for language: universal and language-specific in the acquisition of spatial semantic categories. Bowerman, M., & Levinson, S. C.（Eds.）, *Language acquisition and conceptual development*, Cambridge University Press（pp. 475-511）.

（論）Saji, N., Imai, M., Saalbach, H., Zhang, Y., Shu, H., & Okada, H.（2011）. Word learning does not end at fast-mapping: Evolution of verb meanings through reorganization of an entire semantic domain. *Cognition, 118*(1), 45-61.

（論）Ackermann, L., Hepach, R., & Mani, N.（2020）. Children learn words easier when they are interested in the category to which the word belongs. *Developmental Science, 23*(3), e12915.

（論）Lucca, K., & Wilbourn, M. P.（2018）. Communicating to learn: Infants' pointing gestures result in optimal learning. *Child Development, 89*(3), 941-960.

（論）Colonnesi, C., Stams, G. J. J., Koster, I., & Noom, M. J.（2010）. The relation between pointing and language development. *Developmental Review, 30*(4), 352-366.

（書）小椋たみ子・綿巻徹・稲葉太一（2016）. *日本語マッカーサー乳幼児言語発達質問紙の開発と研究.* ナカニシヤ出版.

（論）Saffran, J. R., Aslin, R. N., & Newport, E. L.（1996）. Statistical learning by 8-month-old infants. *Science, 274*(5294), 1926-1928.

（章）Black, A., & Bergmann, C.（2017）. Quantifying infants' statistical word segmentation: A meta-analysis. Gunzelmann, G., Howes, A., Tenbrink, T., & Davelaar, E.（Eds.）, *Proceedings of the 39th Annual Meeting of the Cognitive Science Society*, Cognitive Science Society（pp. 124-129）.

（論）Houston, D. M., & Jusczyk, P. W.（2000）. The role of talker-specific information in word segmentation by infants. *Journal of Experimental Psychology: Human Perception and Performance, 26*(5), 1570-1582.

（論）Schmale, R., & Seidl, A.（2009）. Accommodating variability in voice and

文

foreign accent: Flexibility of early word representations. *Developmental Science*, *12*(4), 583-601.

- 論 Christophe, A., Gout, A., Peperkamp, S., & Morgan, J. (2003). Discovering words in the continuous speech stream: The role of prosody. *Journal of Phonetics*, *31*(3-4), 585-598.

- 論 Smith, L., & Yu, C. (2008). Infants rapidly learn word-referent mappings via cross-situational statistics. *Cognition*, *106*(3), 1558-1568.

- 論 Barbir, M., Babineau, M. J., Fiévet, A. C., & Christophe, A. (2023). Rapid infant learning of syntactic-semantic links. *Proceedings of the National Academy of Sciences*, *120*(1), e2209153119.

第4章

- 論 Matsuo, A., Kita, S., Shinya, Y., Wood, G. C., & Naigles, L. (2012). Japanese two-year-olds use morphosyntax to learn novel verb meanings. *Journal of Child Language*, *39*(3), 637-663.

- 論 Cao, A., & Lewis, M. (2021). Quantifying the syntactic bootstrapping effect in verb learning: A meta-analytic synthesis. *Developmental Science*, *25*(2), e13176.

- 論 Gleitman, L. (1990). The structural sources of verb meanings. *Language Acquisition: A Journal of Developmental Linguistics*, *1*(1), 3-55.

- 論 Hayashibe, H. (1975). Word order and particles: A developmental study in Japanese. *Descriptive and Applied Linguistics*, *8*, 1-18.

- 書 大伴潔・林安紀子・橋本創一（2019）．*言語・コミュニケーション発達の理解と支援：LCスケールを活用したアプローチ*．学苑社．

- 論 瓜生淑子（1992）．幼児の「対象語―行為語」構文の理解について：「人形を投げる」などへの反応から．*教育心理学研究*, *40*(4), 411-419.

- 論 中川佳子・小山高正・須賀哲夫（2005）．J.COSS第三版を通してみた幼児期から児童期における日本語文法理解の発達．*発達心理学研究*, *16*(2), 145-155.

- 書 小椋たみ子・綿巻徹・稲葉太一（2016）．*日本語マッカーサー乳幼児言語発達質問紙の開発と研究*．ナカニシヤ出版．

章 小椋たみ子（2017）．構文の発達．秦野悦子・高橋登（編著），*言語発達とその支援*，ミネルヴァ書房（pp. 105-117）.

章 横山正幸（2008）．文法の獲得〈2〉：助詞を中心に．小林春美・佐々木正人（編），*新・子どもたちの言語獲得*，大修館書店（pp. 141-164）.

書 広瀬友紀（2017）．*ちいさい言語学者の冒険*．岩波書店.

論 Cazden, C. B.（1968）. The acquisition of noun and verb inflections. *Child Development*, *39*(2), 433-448.

W CHILDES: Child Language Data Exchange System. https://childes.talkbank.org（2023年12月20日）.

論 Sullivan, J., Mei, M., Perfors, A., Wojcik, E., & Frank, M. C.（2021）. SAYCam: A large, longitudinal audiovisual dataset recorded from the infant's perspective. *Open Mind*, *5*, 20-29.

書 今井むつみ・針生悦子（2014）．*言葉をおぼえるしくみ*．筑摩書房.

論 Yuan, S., & Fisher, C.（2009）. "Really? She blicked the baby?": Two-year-olds learn combinatorial facts about verbs by listening. *Psychological Science*, *20*(5), 619-626.

論 Ferguson, B., Graf, E., & Waxman, S. R.（2014）. Infants use known verbs to learn novel nouns: Evidence from 15- and 19-month-olds. *Cognition*, *131*(1), 139-146.

論 Aussems, S., & Kita, S.（2021）. Seeing iconic gesture promotes first- and second-order verb generalization in preschoolers. *Child Development*, *92*(1), 124-141.

論 Wakefield, E. M., Hall, C., James, K. H., & Goldin-Meadow, S.（2018）. Gesture for generalization: Gesture facilitates flexible learning of words for actions on objects. *Developmental Science*, *21*(5), e12656.

第5章

論 Gratier, M., Devouche, E., Guellai, B., Infanti, R., Yilmaz, E., & Parlato-Oliveira, E.（2015）. Early development of turn-taking in vocal interaction between mothers and infants. *Frontiers in Psychology*, *6*, 1167.

論 Hilbrink, E. E., Gattis, M., & Levinson, S. C.（2015）. Early developmental changes in the timing of turn-taking: A longitudinal study of mother-infant interaction. *Frontiers in Psychology*, *6*, 1492.

【論】 Casillas, M., Bobb, S. C., & Clark, E. V. (2016). Turn-taking, timing, and planning in early language acquisition. *Journal of Child Language*, *43* (6), 1310-1337.

【論】 Donnelly, S., & Kidd, E. (2021). The longitudinal relationship between conversational turn-taking and vocabulary growth in early language development. *Child Development*, *92*(2), 609-625.

【論】 Goldstein, M. H., & Schwade, J. A. (2008). Social feedback to infants' babbling facilitates rapid phonological learning. *Psychological Science*, *19*(5), 515-523.

【論】 Tamis-LeMonda, C. S., Bornstein, M. H., & Baumwell, L. (2001). Maternal responsiveness and children's achievement of language milestones. *Child Development*, *72*(3), 748-767.

【章】 高橋登 (2017). ナラティブの発達. 秦野悦子・高橋登 (編著), *言語発達とその支援*, ミネルヴァ書房 (pp. 117-122).

【論】 Fivush, R., Gray, J. T., & Fromhoff, F. A. (1987). Two-year-old talk about the past. *Cognitive Development*, *2*(4), 393-409.

【論】 Fivush, R., Haden, C. A., & Reese, E. (2006). Elaborating on elaborations: Role of maternal reminiscing style in cognitive and socioemotional development. *Child Development*, *77*(6), 1568-1588.

【章】 松井智子 (2018). 共同注意と発達語用論. 藤野博 (編著), *コミュニケーション発達の理論と支援*, 金子書房 (pp. 31-40).

【論】 Senju, A., & Csibra, G. (2008). Gaze following in human infants depends on communicative signals. *Current Biology*, *18*(9), 668-671.

【論】 Schulze, C., Grassmann, S., & Tomasello, M. (2013). 3-year-old children make relevance inferences in indirect verbal communication. *Child Development*, *84*(6), 2079-2093.

【論】 Matsui, T., Yamamoto, T., Miura, Y., & McCagg, P. (2016). Young children's early sensitivity to linguistic indications of speaker certainty in their selective word learning. *Lingua*, *175-176*, 83-96.

【書】 松井智子 (2013). *子どものうそ, 大人の皮肉：言葉のオモテとウラ*

がわかるには．岩波書店．

- **論** Nadig, A. S., & Sedivy, J. C. (2002). Evidence of perspective-taking constraints in children's on-line reference resolution. *Psychological Science*, *13*(4), 329-336.

- **論** Cameron, C. A., & Lee, K. (1997). The development of children's telephone communication. *Journal of Applied Developmental Psychology*, *18*(1), 55-70.

- **論** Okanda, M., Asada, K., Moriguchi, Y., & Itakura, S. (2015). Understanding violations of Gricean maxims in preschoolers and adults. *Frontiers in Psychology*, *6*, 901.

- **論** Horst, J. S., & Hout, M. C. (2016). The Novel Object and Unusual Name (NOUN) Database: A collection of novel images for use in experimental research. *Behavior Research Methods*, *48*(4), 1393-1409.

- **論** Pereira, A. F., Smith, L. B., & Yu, C. (2014). A bottom-up view of toddler word learning. *Psychonomic Bulletin & Review*, *21*(1), 178-185.

- **論** Ackermann, L., Hepach, R., & Mani, N. (2020). Children learn words easier when they are interested in the category to which the word belongs. *Developmental Science*, *23*(3), e12915.

- **論** Lucca, K., & Wilbourn, M. P. (2018). Communicating to learn: Infants' pointing gestures result in optimal learning. *Child Development*, *89*(3), 941-960.

COLUMN 1

- **W** Kotoboo. https://kotoboo.org/index.php/ja（2023年12月20日）．

- **W** Kotoboo（2021）．養育者の電子機器を見ている時間は子どもの言語発達に影響しますか？．
  https://kotoboo.org/index.php/ja/2021/12/13/does-caregiver-screen-time-affect-childrens-language-development/（2023年12月20日）．

第6章

- **W** 萩原広道（2022）．未分化な言語が教えてくれる，子どもたちに見えている世界：萩原広道氏インタビュー．

https://note-infomart.jp/n/n9d70ea5c5963（2023年12月20日）.

章 寺田奈々・萩原広道・楢﨑雅（2022）. ことばの発達を支えたい. *発達, 172*, 65-75.

章 でこぽん吾郎（2022）. 寒いもん！. でこぽん吾郎, *実録 保育士 でこ先生, 5*, KADOKAWA（p. 113）.

論 Bleses, D., Makransky, G., Dale, P. S., Højen, A., & Ari, B. A.（2016）. Early productive vocabulary predicts academic achievement 10 years later. *Applied Psycholinguistics, 37*(6), 1461-1476.

論 Borovsky, A.（2022）. Lexico-semantic structure in vocabulary and its links to lexical processing in toddlerhood and language outcomes at age three. *Developmental Psychology, 58*(4), 607-630.

論 Marchman, V. A., & Fernald, A.（2008）. Speed of word recognition and vocabulary knowledge in infancy predict cognitive and language outcomes in later childhood. *Developmental Science, 11*(3), F9-F16.

論 Morgan, P. L., Farkas, G., Hillemeier, M. M., Hammer, C. S., & Maczuga, S.（2015）. 24-month-old children with larger oral vocabularies display greater academic and behavioral functioning at kindergarten entry. *Child Development, 86*(5), 1351-1370.

論 Zuniga-Montanez, C., Kita, S., Aussems, S., & Krott, A.（2021）. Beyond the shape of things: Infants can be taught to generalize nouns by objects' functions. *Psychological Science, 32*(7), 1073-1085.

論 Day, K. L., & Smith, C. L.（2013）. Understanding the role of private speech in children's emotion regulation. *Early Childhood Research Quarterly, 28*(2), 405-414.

論 Gonzales, C. R., Merculief, A., McClelland, M. M., & Ghetti, S.（2022）. The development of uncertainty monitoring during kindergarten: Change and longitudinal relations with executive function and vocabulary in children from low-income backgrounds. *Child Development, 93*(2), 524-539.

論 Winsler, A., Manfra, L., & Diaz, R. M.（2007）. "Should I let them talk?": Private speech and task performance among preschool children with and without behavior problems. *Early Childhood Research Quarterly*,

22(2), 215-231.

（論）Jiménez, E., Haebig, E., & Hills, T. T.（2021）. Identifying areas of overlap and distinction in early lexical profiles of children with autism spectrum disorder, late talkers, and typical talkers. *Journal of Autism and Developmental Disorders*, *51*(9), 3109-3125.

（論）Jiménez, E., & Hills, T. T.（2022a）. Differences in the semantic structure of the speech experienced by late talkers, late bloomers, and typical talkers. *Developmental Psychology*, *59*(1), 141-160.

（論）Jiménez, E., & Hills, T. T.（2022b）. Semantic maturation during the comprehension-expression gap in late and typical talkers. *Child Development*, *93*(6), 1727-1743.

（章）木下孝司（2000）. 発達をとらえる視点. 心理科学研究会（編）, *育ちあう乳幼児心理学：21世紀に保育実践とともに歩む*, 有斐閣（pp. 65-75）.

（論）Singh, L., Tan, A., & Quinn, P. C.（2021）. Infants recognize words spoken through opaque masks but not through clear masks. *Developmental Science*, *24*(6), e13117.

（論）萩原広道（2018）. ことばの基盤としての身体─環境のインタラクション. *日本認知言語学会論文集*, *18*, 561-566.

（書）森口佑介（2023）. *子どもから大人が生まれるとき：発達科学が解き明かす子どもの心の世界*. 日本評論社.

（書）伊藤亜紗（2015）. *目の見えない人は世界をどう見ているのか*. 光文社.

（書）乳幼児保育研究会（2009）. *発達がわかれば子どもが見える：0歳から就学までの眼からウロコの保育実践*. ぎょうせい.

（書）針生悦子（2019）. *赤ちゃんはことばをどう学ぶのか*. 中央公論新社.

（論）Iverson, J. M.（2021）. Developmental variability and developmental cascades: Lessons from motor and language development in infancy. *Current Directions in Psychological Science*, *30*(3), 228-235.

（論）山本寛樹（2022）. 発達のカスケード：乳児の行為によって導かれる発達経路. *ベビーサイエンス*, *22*, 2-14.

（論）Slone, L. K., Smith, L. B., & Yu, C.（2019）. Self-generated variability in

object images predicts vocabulary growth. *Developmental Science, 22*
(6). e12816.

論 Karasik, L. B., Tamis-LeMonda, C. S., & Adolph, K. E. (2014). Crawling
and walking infants elicit different verbal responses from mothers.
Developmental Science, 17(3), 388-395.

論 Gampe, A., Liebal, K., & Tomasello, M. (2012). Eighteen-month-olds
learn novel words through overhearing. *First Language, 32*(3), 385-397.

論 Shneidman, L. A., Buresh, J. S., Shimpi, P. M., Knight-Schwarz, J., &
Woodward, A. L. (2009). Social experience, social attention and word
learning in an overhearing paradigm. *Language Learning and
Development, 5*(4), 266-281.

論 Weisleder, A., & Fernald, A. (2013). Talking to children matters: Early
language experience strengthens processing and builds vocabulary.
Psychological Science, 24(11), 2143-2152.

第 7 章

論 Benedict, H. (1979). Early lexical development: Comprehension and
production. *Journal of Child Language, 6*(2), 183-200.

論 Blinkoff, E., & Hirsh-Pasek, K. (2019). Supporting language in the
home. *International Journal of Birth and Parent Education, 6*(4), 13-15.

論 Moore, C., Dailey, S., Garrison, H., Amatuni, A., & Bergelson, E. (2019).
Point, walk, talk: Links between three early milestones, from
observation and parental report. *Developmental Psychology, 55*(8),
1579-1593.

論 Nelson, K. (1973). Structure and strategy in learning to talk.
Monographs of the Society for Research in Child Development, 38(1/2,
Serial No. 149).

論 Goldfield, B. A., & Reznick, J. S. (1996). Measuring the vocabulary spurt:
a reply to Mervis & Bertrand. *Journal of Child Language, 23*(1),
241-246.

論 Mervis, C. B., & Bertrand, J. (1995). Early lexical acquisition and the
vocabulary spurt: A response to Goldfield & Reznick. *Journal of Child*

Language, 22(2), 461-468.

論　Nazzi, T., & Bertoncini, J. (2003). Before and after the vocabulary spurt: Two modes of word acquisition?. *Developmental Science, 6*(2), 136-142.

論　Bergelson, E., & Swingley, D. (2012). At 6-9 months, human infants know the meanings of many common nouns. *Proceedings of the National Academy of Sciences, 109*(9), 3253-3258.

論　Tincoff, R., & Jusczyk, P. W. (2012). Six-month-olds comprehend words that refer to parts of the body. *Infancy, 17*(4), 432-444.

論　Parise, E., & Csibra, G. (2012). Electrophysiological evidence for the understanding of maternal speech by 9-month-old infants. *Psychological Science, 23*(7), 728-733.

論　Taxitari, L., Twomey, K. E., Westermann, G., & Mani, N. (2020). The limits of infants' early word learning. *Language Learning and Development, 16*(1), 1-21.

論　Garrison, H., Baudet, G., Breitfeld, E., Aberman, A., & Bergelson, E. (2020). Familiarity plays a small role in noun comprehension at 12-18 months. *Infancy, 25*(4), 458-477.

論　Bornstein, M. H., Cote, L. R., Maital, S., Painter, K., Park, S. Y., Pascual, L., ... & Vyt, A. (2004). Cross-linguistic analysis of vocabulary in young children: Spanish, Dutch, French, Hebrew, Italian, Korean, and American English. *Child Development, 75*(4), 1115-1139.

論　Caselli, C., Casadio, P., & Bates, E. (1999). A comparison of the transition from first words to grammar in English and Italian. *Journal of Child Language, 26*(1), 69-111.

論　Fenson, L., Dale, P. S., Reznick, J. S., Bates, E., Thal, D. J., & Pethick, S. J. (1994). Variability in early communicative development. *Monographs of the Society for Research in Child Development, 59*(5, Serial No. 242).

書　Frank, M. C., Braginsky, M., Yurovsky, D., and Marchman, V. A. (2021). *Variability and consistency in early language learning: The Wordbank project.* MIT Press.

章　Gentner, D., & Boroditsky, L. (2001). Individuation, relativity, and early word learning. Bowerman, M., & Levinson, S. C. (Eds.), *Language acquisition and conceptual development*, Cambridge University Press (pp. 215-256).

（論）小椋たみ子（2007）．日本の子どもの初期の語彙発達. *言語研究, 132*, 29-53.

（書）小椋たみ子・綿巻徹・稲葉太一（2016）．*日本語マッカーサー乳幼児言語発達質問紙の開発と研究*. ナカニシヤ出版.

（論）萩原広道・阪上雅昭（2019）．初期言語における意味の全体性と可塑的変化：子どものことばに品詞構造はあるか？．ベビーサイエンス, *18*, 14-24.

（論）Ambridge, B., & Rowland, C. F.（2013）. Experimental methods in studying child language acquisition. *WIREs Cognitive Science Interdisciplinary Reviews, 4*(2), 149-168.

（書）Fenson, L., Dale, P. S., Reznick, J. S., Thai, D., Bates, E., Hartung, J. P., Pethick, S., Relly, J. S.（1993）. *MacArthur communicative development inventories: User's guide and technical manual.* Singular Press.

（書）Fenson, L., Marchman, V. A., Thai, D. J., Dale, P. S., Reznick, J. S., Bates, E.（2007）. *MacArthur-Bates communicative development inventories: User's guide and technical manual (2nd ed).* Brookes.

（書）小椋たみ子・綿巻徹（2004a）．*日本語マッカーサー乳幼児言語発達質問紙「語と身振り」手引*. 京都国際社会福祉センター.

（書）小椋たみ子・綿巻徹（2004b）．*日本語マッカーサー乳幼児言語発達質問紙「語と文法」手引*. 京都国際社会福祉センター.

（論）Frank, M. C., Braginsky, M., Yurovsky, D., & Marchman, V. A.（2016）. Wordbank: An open repository for developmental vocabulary data. *Journal of Child Language, 44*(3), 677-694.

（W）Wordbank: An open database of children's vocabulary development. http://wordbank.stanford.edu（2023年12月20日）.

（論）Arunachalam, S., Avtushka, V., Luyster, R. J., & Guthrie, W.（2022）. Consistency and inconsistency in caregiver reporting of vocabulary. *Language Learning and Development, 18*(1), 81-96.

（論）小林哲生・南泰浩・杉山弘晃（2013）．語彙爆発の新しい視点：日本語学習児の初期語彙発達に関する縦断データ解析. ベビーサイエンス,

12, 40-64.

論 Gershkoff-Stowe, L., & Smith, L. B. (2004). Shape and the first hundred nouns. *Child Development, 75*(4), 1098-1114.

論 Kucker, S. C., Samuelson, L. K., Perry, L. K., Yoshida, H., Colunga, E., Lorenz, M. G., & Smith, L. B. (2019). Reproducibility and a unifying explanation: Lessons from the shape bias. *Infant Behavior and Development, 54*, 156-165.

論 Landau, B., Smith, L. B., & Jones, S. S. (1988). The importance of shape in early lexical learning. *Cognitive Development, 3*(3), 299-321.

論 Smith, L. B., Jones, S. S., Landau, B., Gershkoff-Stowe, L., & Samuelson, L. (2002). Object name learning provides on-the-job training for attention. *Psychological Science, 13*(1), 13-19.

論 Slone, L. K., Smith, L. B., & Yu, C. (2019). Self-generated variability in object images predicts vocabulary growth. *Developmental Science, 22*(6), e12816.

論 Kemler Nelson, D. G., Frankenfield, A., Morris, C., & Blair, E. (2000). Young children's use of functional information to categorize artifacts: Three factors that matter. *Cognition, 77*(2), 133-168.

論 Kobayashi, H. (1997). The role of actions in making inferences about the shape and material of solid objects among Japanese 2 year-old children. *Cognition, 63*(3), 251-269.

論 Zuniga-Montanez, C., Kita, S., Aussems, S., & Krott, A. (2021). Beyond the shape of things: Infants can be taught to generalize nouns by objects' functions. *Psychological Science, 32*(7), 1073-1085.

書 Stern, C., & Stern, W. (1907). *Die Kindersprache: Eine psychologische und sprachtheoretische Untersuchung* [*Children's speech: A psychological and language-theoretical investigation*]. Barth.

論 Samuelson, L. K. (2002). Statistical regularities in vocabulary guide language acquisition in connectionist models and 15-20-month-olds. *Developmental Psychology, 38*(6), 1016-1037.

文

第8章

章 Clark, E. V. (1973). What's in a word? On the child's acquisition of semantics in his first language. Moore, T. E. (Ed.), *Cognitive development and the acquisition of language*, Academic Press (pp. 65-110).

論 Dewey, J. (1894). The psychology of infant language. *Psychological Review, 1*(1), 63-66.

書 Church, J. (Ed.) (1966). *Three babies: Biographies of cognitive development*. Random House.

書 Werner, H., & Kaplan, B. (1963). *Symbol formation: An organismic-developmental approach to language and the expression of thought*. John Wiley. (柿崎祐一（監訳）(2015). シンボルの形成：言葉と表現への有機―発達論的アプローチ. ミネルヴァ書房.)

書 McCune, L. (2008). *How children learn to learn language*. Oxford University Press. (小山正・坪倉美佳（訳）(2013). 子どもの言語学習能力：言語獲得の基盤. 風間書房.)

章 Nelson, K. (1983a). The conceptual basis for language. Seiler, Th. B., & Wannenmacher, W. (Eds.), *Concept development and the development of word meaning*, Springer (pp. 173-188).

章 Nelson, K. (1983b). The derivation of concepts and categories from event representations. Scholnick, E. K. (Ed.), *New trends in conceptual representation: Challenges to Piaget's theory?*, Lawrence Erlbaum (pp. 129-149).

論 Nelson, K. (1986). Event knowledge and cognitive development. Nelson, K. (Ed.), *Event knowledge: Structure and function in development*, Lawrence Erlbaum (pp. 1-19).

論 小林春美（1992）. アフォーダンスが支える語彙獲得. 言語, 21(4), 37-45.

論 萩原広道・阪上雅昭（2019）. 初期言語における意味の全体性と可塑的変化：子どものことばに品詞構造はあるか？. ベビーサイエンス, 18, 14-24.

論 Iverson, J. M., & Goldin-Meadow, S. (2005). Gesture paves the way for language development. *Psychological Science, 16*(5), 367-371.

論 Hagihara, H., & Sakagami, M. (2020). Initial noun meanings do not differentiate into object categories: An experimental approach to Werner and Kaplan's hypothesis. *Journal of Experimental Child Psychology, 190*, 104710.

論 Hagihara, H., Yamamoto, H., Moriguchi, Y., & Sakagami, M. (2022). When "shoe" becomes free from "putting on": The link between early meanings of object words and object-specific actions. *Cognition, 226*, 105177.

論 Hagihara, H., Ienaga, N., Terayama, K., Moriguchi, Y., & Sakagami, M. (2021). Looking represents choosing in toddlers: Exploring the equivalence between multimodal measures in forced-choice tasks. *Infancy, 26*(1), 148-167.

書 中川信子（1986）．*ことばをはぐくむ*．ぶどう社．

論 Bigham, S., & Bourchier-Sutton, A. (2007). The decontextualization of form and function in the development of pretence. *British Journal of Developmental Psychology, 25*(3), 335-351.

書 今井和子（1996）．*子どもとことばの世界：実践から捉えた乳幼児の ことばと自我の育ち*．ミネルヴァ書房．

第9章

書 Frank, M. C., Braginsky, M., Yurovsky, D., & Marchman, V. A. (2021). *Variability and consistency in early language learning: The Wordbank project*. MIT Press.

章 Gentner, D., & Boroditsky, L. (2001). Individuation, relativity, and early word learning. Bowerman, M., & Levinson, S. C. (Eds.), *Language acquisition and conceptual development*, Cambridge University Press (pp. 215-256).

論 小椋たみ子（2007）．日本の子どもの初期の語彙発達．*言語研究, 132*, 29-53.

書 小椋たみ子・綿巻徹・稲葉太一（2016）．*日本語マッカーサー乳幼児 言語発達質問紙の開発と研究*．ナカニシヤ出版．

論 Hagihara, H., & Sakagami, M. (2020). Initial noun meanings do not differentiate into object categories: An experimental approach to Werner and Kaplan's hypothesis. *Journal of Experimental Child Psychology, 190*, 104710.

論 Hagihara, H., Yamamoto, H., Moriguchi, Y., & Sakagami, M. (2022a). When "shoe" becomes free from "putting on": The link between early meanings of object words and object-specific actions. *Cognition, 226*, 105177.

論 Childers, J. B., Porter, B., Dolan, M., Whitehead, C. B., & McIntyre, K. P. (2020). Does children's visual attention to specific objects affect their verb learning?. *First Language, 40*(1), 21-40.

論 Imai, M., Haryu, E., & Okada, H. (2005). Mapping novel nouns and verbs onto dynamic action events: Are verb meanings easier to learn than noun meanings for Japanese children?. *Child Development, 76*(2), 340-355.

論 Wakefield, E. M., Hall, C., James, K. H., & Goldin-Meadow, S. (2018). Gesture for generalization: Gesture facilitates flexible learning of words for actions on objects. *Developmental Science, 21*(5), e12656.

論 Nomikou, I., Rohlfing, K. J., Cimiano, P., & Mandler, J. M. (2019). Evidence for early comprehension of action verbs. *Language Learning and Development, 15*(1), 64-74.

論 Guillaume, P. (1927). Les débuts de la phrase dans le langage de l'enfant [The beginnings of the sentence in the child's language]. *Journal de Psychologie, 24*, 1-25.

書 Werner, H., & Kaplan, B. (1963). *Symbol formation: An organismic-developmental approach to language and the expression of thought.* John Wiley.（柿崎祐一（監訳）(2015). シンボルの形成：言葉と表現への有機―発達論的アプローチ. ミネルヴァ書房.）

論 瓜生淑子 (1992). 幼児の「対象語―行為語」構文の理解について：「人形を投げる」などへの反応から. 教育心理学研究, 40(4), 411-419.

章 Nelson, K. (1983). The derivation of concepts and categories from event representations. Scholnick, E. K. (Ed.), *New trends in conceptual representation: Challenges to Piaget's theory?*, Lawrence Erlbaum (pp. 129-149).

【論】 Gentner, D. (1982). Why nouns are learned before verbs: Linguistic relativity versus natural partitioning. Kuczaj II, S. A. (Ed.), *Language development, Vol. 2: Language, thought, and culture*, Lawrence Erlbaum (pp. 301-334).

【論】 Baldwin, D. A., Baird, J. A., Saylor, M. M., & Clark, M. A. (2001). Infants parse dynamic action. *Child Development, 72*(3), 708-717.

【論】 Song, L., Pruden, S. M., Golinkoff, R. M., & Hirsh-Pasek, K. (2016). Prelinguistic foundations of verb learning: Infants discriminate and categorize dynamic human actions. *Journal of Experimental Child Psychology, 151*, 77-95.

【論】 Alessandroni, N. (2023). The road to conventional tool use: Developmental changes in children's material engagement with artifacts in nursery school. *Infancy, 28*(2), 388-409.

【書】 岡本夏木 (1982). 子どもとことば 岩波書店.

【論】 Zuniga-Montanez, C., Kita, S., Aussems, S., & Krott, A. (2021). Beyond the shape of things: Infants can be taught to generalize nouns by objects' functions. *Psychological Science, 32*(7), 1073-1085.

【論】 Ware, E. A., & Booth, A. E. (2010). Form follows function: Learning about function helps children learn about shape. *Cognitive Development, 25*(2), 124-137.

【論】 Srinivasan, M., & Rabagliati, H. (2021). The implications of polysemy for theories of word learning. *Child Development Perspectives, 15*(3), 148-153.

【論】 Seidl, A. H., Indarjit, M., & Borovsky, A. (2023). Touch to learn: Multisensory input supports word learning and processing. *Developmental Science*, e13419.

【書】 Thelen, E., & Smith, L. B. (1994). *A dynamic systems approach to the development of cognition and action*. MIT Press.

【論】 Gershkoff-Stowe, L. (2001). The course of children's naming errors in early word learning. *Journal of Cognition and Development, 2* (2), 131-155.

(論) Gershkoff-Stowe, L. (2002). Object naming, vocabulary growth, and the development of word retrieval abilities. *Journal of Memory and Language, 46*(4), 665-687.

(論) Parladé, M. V., & Iverson, J. M. (2011). The interplay between language, gesture, and affect during communicative transition: A dynamic systems approach. *Developmental Psychology, 47*(3), 820-833.

(論) Jiang, M. J., & Rosengren, K. S. (2018). Action errors: A window into the early development of perception-action system. *Advances in Child Development and Behavior, 55*, 145-171.

(論) Rachwani, J., Tamis-LeMonda, C. S., Lockman, J. J., Karasik, L. B., & Adolph, K. E. (2020). Learning the designed actions of everyday objects. *Journal of Experimental Psychology: General, 149*, 67-78.

(論) DeLoache, J. S., Uttal, D. H., & Rosengren, K. S. (2004). Scale errors offer evidence for a perception-action dissociation early in life. *Science, 304* (5673), 1027-1029.

(論) Ware, E. A., Uttal, D. H., & DeLoache, J. S. (2010). Everyday scale errors. *Developmental Science, 13*(1), 28-36.

(論) Grzyb, B. J., Cangelosi, A., Cattani, A., & Floccia, C. (2019). Children's scale errors: A by-product of lexical development?. *Developmental Science, 22*, e12741.

(論) Hagihara, H., Ishibashi, M., Moriguchi, Y., & Shinya, Y. (2022b). Object labeling activates young children's scale errors at an early stage of verb vocabulary growth. *Journal of Experimental Child Psychology, 222*, 105471.

(論) Hagihara, H., Ishibashi, M., Moriguchi, Y., & Shinya, Y. (2023). Large-scale data demystify children's scale errors: A meta-analytic approach using the Zero-Inflated Poisson models. [under review]

第10章

W OpenAI. ChatGPT.

https://chat.openai.com/chat（2023年12月20日）.

論 Rehg, J. M., Oudeyer, P.-Y., Smith, L. B., Tsuji, S., Stojanov, S., & Thai, N. A.（2023）. Developmental machine learning: From human learning to machines and back. *Dagstuhl Reports, 12*(10), 143-165.

論 Fausey, C. M., Jayaraman, S., & Smith, L. B.（2016）. From faces to hands: Changing visual input in the first two years. *Cognition, 152*, 101-107.

章 Cao, Z., Simon, T., Wei, S.-E., & Sheikh, Y.（2017）. Realtime multi-person 2D pose estimation using part affinity fields. *Proceedings of the IEEE Conference on Computer Vision and Pattern Recognition (CVPR), 2017* (pp. 7291-7299).

論 Long, B. L., Sanchez, A., Kraus, A. M., Agrawal, K., & Frank, M. C.（2022）. Automated detections reveal the social information in the changing infant view. *Child Development, 93*(1), 101-116.

章 Redmon, J., Divvala, S., Girshick, R., & Farhadi, A.（2016）. You only look once: Unified, real-time object detection. *Proceedings of the IEEE Conference on Computer Vision and Pattern Recognition (CVPR), 2016* (pp. 779-788).

章 Bambach, S., Crandall, D., Smith, L., & Yu, C.（2018）. Toddler-inspired visual object learning. Bengio, S., Wallach, H., Larochelle, H., Grauman, K., Cesa-Bianchi, N., Garnett, R.（Eds.）, *Proceedings of Advances in Neural Information Processing Systems 31 (NeurIPS 2018)*.

W Lookit.

https://lookit.mit.edu（2023年12月20日）.

論 Scott, K., Chu, J., & Schulz, L.（2017）. Lookit（Part 2）: Assessing the viability of online developmental research, results from three case studies. *Open Mind: Discoveries in Cognitive Science, 1*(1), 15-29.

論 Scott, K., & Schulz, L.（2017）. Lookit（part 1）: A new online platform for developmental research. *Open Mind: Discoveries in Cognitive Science, 1*(1), 4-14.

論 Sheskin, M., Scott, K., Mills, C. M., Bergelson, E., Bonawitz, E., Spelke, E. S., Fei-Fei, L., Keil, F. C., Gweon, H., Tenenbaum, J. B., Jara-Ettinger, J., Adolph, K. E., Rhodes, M., Frank, M. C., Mehr, S. A., & Schulz, L. (2020). Online developmental science to foster innovation, access, and impact. *Trends in Cognitive Sciences, 24*(9), 675-678.

論 萩原広道・加根魯絢子・Portugal, A. M.・Cusack, R.・Kline Struhl, M.・辻晶 (2024). 日本語版 Lookit を用いた乳児のオンライン注視実験. 心理学評論. [印刷中]

論 Erel, Y., Potter, C. E., Jaffe-Dax, S., Lew-Williams, C., & Bermano, A. H. (2022). iCatcher: A neural network approach for automated coding of young children's eye movements. *Infancy, 27*(4), 765-779.

論 Erel, Y., Shannon, K. A., Chu, J., Scott, K. M., Kline Struhl, M., Cao, P., ... Liu, S. (2023). iCatcher+: Robust and automated annotation of infant's and young children's gaze direction from videos collected in laboratory, field, and online studies. *Advances in Methods and Practices in Psychological Science, 6*(2), 1-23.

論 Friend, M., & Keplinger, M. (2008). Reliability and validity of the Computerized Comprehension Task (CCT): Data from American English and Mexican Spanish infants. *Journal of Child Language, 35*(1), 77-98.

論 Venker, C. E., Pomper, R., Mahr, T., Edwards, J., Saffran, J., & Ellis Weismer, S. (2020). Comparing automatic eye tracking and manual gaze coding methods in young children with autism spectrum disorder. *Autism Research, 13*(2), 271-283.

論 Chouinard, B., Scott, K., & Cusack, R. (2019). Using automatic face analysis to score infant behaviour from video collected online. *Infant Behavior and Development, 54*, 1-12.

論 Hagihara, H., Zaadnoordijk, L., Cusack, R., & Tsuji, S. (2023). Exploration of factors affecting webcam-based automated gaze coding. [under review]

論 Courage, M. L., & Adams, R. J. (1990). Visual acuity assessment from birth to three years using the acuity card procedure: cross-sectional and longitudinal samples. *Optometry and Vision Science, 67* (9), 713-718.

論 Vogelsang, L., Gilad-Gutnick, S., Ehrenberg, E., Yonas, A., Diamond, S., Held, R., & Sinha, P. (2018). Potential downside of high initial visual acuity. *Proceedings of the National Academy of Sciences, 115* (44), 11333-11338.

書 針生悦子 (2019). *赤ちゃんはことばをどう学ぶのか*. 中央公論新社.

論 Vogelsang, M., Vogelsang, L., Diamond, S., & Sinha, P. (2023). Prenatal auditory experience and its sequelae. *Developmental Science, 26* (1), e13278.

論 Ossmy, O., Han, D., MacAlpine, P., Hoch, J., Stone, P., & Adolph, K. E. (2023). Walking and falling: using robot simulations to model the role of errors in infant walking. *Developmental Science*, e13449.

論 Nelson, K. (1973). Structure and strategy in learning to talk. *Monographs of the Society for Research in Child Development, 38* (1-2, Serial No 149), 136.

論 Peters, A. M. (1977). Language learning strategies: Does the whole equal the sum of the parts?. *Language, 53* (3), 560-573.

論 萩原広道・水谷天智・山本寛樹・阪上雅昭 (2023). 変分オートエンコーダーを用いた乳幼児期の語彙発達過程の探索. *認知科学, 30* (4), 499-514.

論 Frank, M. C., Braginsky, M., Yurovsky, D., & Marchman, V. A. (2016). Wordbank: An open repository for developmental vocabulary data. *Journal of Child Language, 44* (3), 677-694.

W Wordbank: An open database of children's vocabulary development. http://wordbank.stanford.edu (2023年12月20日).

論 Kingma, D. P., & Welling, M. (2013). Auto-encoding variational Bayes. *arXiv*.

章 Rezende, D. J., Mohamed, S., & Wierstra, D. (2014). Stochastic backpropagation and approximate inference in deep generative models. Xing, E. P., & Jebara, T. (Eds.), *Proceedings of the 31st International Conference on International Conference on Machine Learning*, JMLR.

文

org (pp. II-1278–II-1286).

（論）Tsuji, S., Cristia, A., & Dupoux, E. (2021). SCALa: A blueprint for computational models of language acquisition in social context. *Cognition, 213*, 104779.

（論）Frank, M. C. (2023). Bridging the data gap between children and large language models. *Trends in Cognitive Sciences*, S1364661323002036.

第11章

（論）DeLoache, J. S., Uttal, D. H., & Rosengren, K. S. (2004). Scale errors offer evidence for a perception-action dissociation early in life. *Science, 304* (5673), 1027-1029.

（Ｗ）日本赤ちゃん学会．https://jsbs.gr.jp（2023年12月20日）．

（Ｗ）厚生労働省（2017）．保育所保育指針．
https://www.mhlw.go.jp/web/t_doc?dataId=00010450&dataType=0&pageNo=1（2023年12月20日）．

（Ｗ）文部科学省（2017）．幼稚園教育要領．
https://www.mext.go.jp/content/1384661_3_2.pdf（2023年12月20日）．

（Ｗ）内閣府・文部科学省・厚生労働省（2017）．幼保連携型認定こども園教育・保育要領．
https://www.mhlw.go.jp/web/t_doc?dataId=00010420（2023年12月20日）．

第12章

（論）Winawer, J., Witthoft, N., Frank, M. C., Wu, L., Wade, A. R., & Boroditsky, L. (2007). Russian blues reveal effects of language on color discrimination. *Proceedings of the National Academy of Sciences, 104* (19), 7780-7785.

（論）Lupyan, G., & Lewis, M. (2019). From words-as-mappings to words-as-cues: The role of language in semantic knowledge. *Language, Cognition and Neuroscience, 34*(10), 1319-1337.

（論）Hagihara, H., & Sakagami, M. (2020). Initial noun meanings do not differentiate into object categories: An experimental approach to

Werner and Kaplan's hypothesis. *Journal of Experimental Child Psychology, 190,* 104710.

論 Hagihara, H., Yamamoto, H., Moriguchi, Y., & Sakagami, M.（2022）. When "shoe" becomes free from "putting on": The link between early meanings of object words and object-specific actions. *Cognition, 226,* 105177.

論 DeLoache, J. S., Uttal, D. H., & Rosengren, K. S.（2004）. Scale errors offer evidence for a perception-action dissociation early in life. *Science, 304* (5673), 1027-1029.

W 子どもの発達支援を考える ST の会．小児 ST 全国マップ．https://www.kodomost.jp/info.html#04（2023年12月20日）．

あとがき

W 谷川嘉浩（2019）．子育てに，唯一の「正しさ」を求めてはいけない：アリソン・ゴプニック『思いどおりになんて育たない』レビュー①．https://note.com/manabitoki/n/n72789ce493b5（2023年12月20日）．

文

あとがき

　本書は、「令和5年度京都大学人と社会の未来研究院若手出版助成」を受けて出版された書籍です。私が大学院に在籍していたころに学んだことや私たちの研究成果をベースに、それ以降に新しく学んだこと、研究したことも盛り込みながら、できるだけ広くたくさんの方々に「ことばの発達の不思議」を伝えられるよう執筆を進めてきました。

　ことばの発達に関する一般書はすでに多く出版されていますが、そのほとんどが「研究書」か「実践書」（あるいは「教科書」）のいずれかになっている印象があります。もちろんそれはそれで良いのですが、私自身は、研究書を読むと「この知見は子どもと実際に関わるときにどういうヒントをくれるんだろう？」と思い、一方で実践書を読むと「この関わり方や見立ての背景にはどういう学術的な知見があるんだろう？」と感じてきました。でも、そうした疑問の答えは、往々にして本のなかには書かれていませんでした。研究と実践の両者をつなぐような本があったらいいのに！という読み手としての思いが、本書を執筆するモチベーションのひとつになっています。本書がはたしてその役割を担うに足るものになっているか不安もありますが、少なくとも過去の自分の思いには応えられるように精一杯尽くしたつもりです。

　気づけば実践から少し離れて発達の基礎研究者になってしまったので、いまの私の主戦場は、端的にいえば書籍でも実践の現場でもなく「論文」です。研究の過程で子ども（あるいは子どもを取り巻く環境）を新たに発見し、その価値を世界中の研究者や専門家と共有することが重要な仕事になっています。ひとつの論文が出版されるまでには、おそらく読者のみなさんの想像以上に長い時間がかかります。私の場合は、発達に関する（おもしろい）問いを立てて、調査を実施して分析し、なんとか英語で論文を書くまでに数年かかります。さらにそこか

ら学術雑誌に論文を投稿して、ほかの研究者からの厳しい指摘や批判に曝されながら論文を改稿し、ようやく出版されるのに追加で数年かかることも稀ではありません。そうこうしている間に、実際に研究に協力してくださった1～2歳のお子さんたちは小学校入学直前になり、保護者の方々が抱える悩みも当時とは全然違うものになっていきます。

　発達の基礎研究には、こうした「時間のズレ」と、調査協力者（＝お子さんや保護者の方、または園の先生方）とは異なる人たち（＝主に研究者）に最初に成果が発信されるという「宛先のズレ」とが重なって、なかなか研究の知見をそのまま協力してくださった方々にはお返しできないジレンマがあります。非研究者向けに本を書くもうひとつの（そして最大の）モチベーションは、研究に協力してくださった方々に直接何かお返ししたい！という思いに由来しています。ずいぶんと時間がかかってしまいましたが、学生のころから研究にご協力くださった方々にようやく届けられるものができました。協力してくれた当のお子さんの年齢は、本書で紹介した研究知見の年齢からは離れてしまったことでしょう。それでも、保護者のみなさんや園の先生方が当時の様子を思い返してみたり、ほかのお子さんを見るときに新しい視点をもったりすることにほんの少しでも貢献できたらいいな、と思いながら執筆を進めてきました。

　本を書くこと、特に今回のように一般の読者のみなさんの目にふれるかたちで本を書くことは、正直なところとても不安な作業でした。というのも、私たち大人は自分に子どもがいるかどうかにかかわらず、広い意味で「子を育てる」ということに対してほとんど冷静ではいられないからです（谷川，2019）。自分には荷が重いのではないか、子どもと日々接している方々から「日々の子どもの姿をなにもわかっていない！」と咎められるのではないか、言語や発達の専門家から勉強不足だとお叱りを受けるのではないか……。その不安は今も、そしてこれからも消え去ることはないでしょうが、それでもいろいろな方々に陰に陽に助けていただきながら、なんとか出版まで漕ぎつくことがで

きました。本当に感謝の念に堪えません。

　本書の土台となった私の博士論文の審査を担ってくださった阪上雅昭さん、谷口一美さん、森口佑介さん（あえて「さん」の敬称とさせていただきます）には、特に書籍出版への道すじをつける段階でお力添えをいただきました。森口さんにはさらに本書の対談にもご登壇いただき、とても刺激的な議論をさせていただきました。同じく対談にご登壇くださった楢﨑雅さんには、本書の最初の読者として激励のコメントをいただくとともに、基礎研究と実践とを架橋するアイディアをたくさんいただきました。

　カバーイラストは、かねてよりファンだったでこぽん吾郎さんに手掛けていただきました。快く引き受けてくださったうえに本書の内容に関するご感想までいただいて、非常に贅沢な体験をさせていただきました。また、本文中のイラストは北尾隆好さんに手掛けていただきました。私の雑なスケッチや無茶ぶりにひとつひとつ丁寧にご対応いただき、本当に頭が上がりません……！　ミネルヴァ書房の編集者だった丸山碧さんは、企画段階から本書をご担当くださり、何度も励ましてくださいました。その後担当を引き継いでくださった亀山みのりさんにも、数々のお願いやスケジュール調整にご対応いただきました。本書が曲がりなりにも無事出版に至ったのは、ご担当くださった編集者のお二人のお力添えがあってのことと思います。

　本書執筆にあたり、言語聴覚士の寺田奈々さん、心理言語学者の広瀬友紀さんには重要なアドバイスをいただきました。東京大学国際高等研究所ニューロインテリジェンス国際研究機構（WPI-IRCN）赤ちゃんラボのみなさん、Kotoboo のみなさんには、言語発達の研究知見をたくさん共有していただきました。土屋左弥子さん・悠奈さんには実際のエピソードをご紹介いただきました。石村慶子さん・創祐さん、杉浦慎太郎さんには本書の下読みにご協力いただき、大阪大学大学院人間科学研究科／人間科学部・比較発達心理学研究室のみなさんは、執筆が思うように進まないときに応援のことばをかけてくださ

いました。そして何より、本書を手に取ってくださった読者のみなさんに、この場を借りて心よりお礼を申し上げます。

　本書が世に出るまでに、ここで挙げた以上のたくさんの方々のお力添えをいただきました。本当はすべての方々のお名前を挙げてお礼を申し上げたいところですが、そうしているとあとがきの文章量がとんでもないことになってしまうので、ここでは本書執筆に直接影響のあった方々に限定してお名前を挙げさせていただきます。もし万一「私の名前がない！」と思われたら、ぜひご遠慮なくお知らせください（掲載できず本当にすみません！　代わりに喜んで直接お礼のご連絡をさせていただきます！）。

　最後に、子どものころから数年おきに大きく進路を転換し続けたにもかかわらず、文句ひとついわずに忍耐強く応援し続けてくれた家族に心から感謝を。ありがとう。これからも子どもたちのいまと未来のために、そして社会が今よりほんの少しでもやさしくなるように、自分にできることを引き続き頑張ります！

　2024年2月1日

萩原広道

さくいん
（＊は人名）

213

《著者紹介》

萩原広道（はぎはら・ひろみち）

大阪大学大学院人間科学研究科助教。博士（人間・環境学）（京都大学、2021年）。東京大学国際高等研究所ニューロインテリジェンス国際研究機構（WPI-IRCN）協力研究員、特定国立研究開発法人理化学研究所脳発達分子メカニズム研究チーム客員研究員。作業療法士、公認心理師。専門は発達心理学、発達認知科学。

主著に『〈京大発〉専門分野の越え方：対話から生まれる学際の探求』（共編著、ナカニシヤ出版、2023年）、『人間発達学（Crosslink basic リハビリテーションテキスト）』（共著、メジカルビュー社、2021年）、『みんなでつなぐ読み書き支援プログラム：フローチャートで分析、子どもに応じたオーダーメイドの支援』（共編著、クリエイツかもがわ、2020年）、『幼児と健康：日常生活・運動発達・こころとからだの基礎知識』（共著、ジアース教育新社、2020年）、ほか。

装丁・本文イラスト　北尾隆好
装画・本文扉イラスト　でこぽん吾郎

子どもとめぐることばの世界

| 2024年3月22日　初版第1刷発行 | 〈検印省略〉 |
| 2024年3月31日　初版第2刷発行 | |

定価はカバーに
表示しています

著　　者	萩　原　広　道
発 行 者	杉　田　啓　三
印 刷 者	坂　本　喜　杏

発行所　株式会社　ミネルヴァ書房
607-8494　京都市山科区日ノ岡堤谷町1
電話代表　(075)581-5191
振替口座　01020-0-8076

© 萩原広道, 2024　　冨山房インターナショナル・新生製本

ISBN 978-4-623-09721-0
Printed in Japan

発達172：子どものことば、再発見！

　　　　　　　　　　　Ｂ５判　120頁　本体1500円

子どもとことばの世界
　　──実践から捉えた乳幼児のことばと自我の育ち

　　　　　　　　　　　　　　　　今井和子 著
　　　　　　　　　　　四六判　248頁　本体1800円

赤ちゃんの心はどのように育つのか
　　──社会性とことばの発達を科学する

　　　　　　　　　　　　　　　　今福理博 著
　　　　　　　　　　　四六判　218頁　本体2200円

言語発達とその支援

　　　　　　　　臨床発達心理士認定運営機構 監修
　　　　　　　　　秦野　悦子・高橋　登 編著
　　　　　　　　　Ａ５判　348頁　本体2800円

よくわかる言語発達［改訂新版］

　　　　　　　　　岩立志津夫・小椋たみ子 編
　　　　　　　　　Ｂ５判　218頁　本体2400円

──────── ミネルヴァ書房 ────────
https://www.minervashobo.co.jp/